民国群雄采访录

美国女记者与民初军政强人

[美]宝爱莲 著

杨植峰 俞梦恬 译

团结出版社
UNITY PRESS

图书在版编目（ＣＩＰ）数据

　　民国群雄采访录 ／（美）宝爱莲著 ； 杨植峰，俞梦
恬译. -- 北京 ： 团结出版社，2015.5（2021.5 重印）
　　ISBN 978-7-5126-2422-1

　　Ⅰ．①民… Ⅱ．①宝… ②杨… ③俞… Ⅲ．①历史人
物－访问记－中国－民国 Ⅳ．①K820.6

　　中国版本图书馆 CIP 数据核字(2015)第 075021 号

出　版：团结出版社
　　　　（北京市东城区东皇城根南街 84 号　邮编：100006）
电　话：(010) 65228880　65244790　（出版社）
　　　　（010）65238766　85113874　65133603（发行部）
　　　　（010）65133603（邮购）
网　址：http://www.tjpress.com
E-mail：zb65244790@vip.163.com
　　　　tjcbsfxb@163.com（发行部邮购）
经　销：全国新华书店
印　装：天津盛辉印刷有限公司

开　本：170mm×240mm　　　16 开
印　张：12.25
字　数：165 千字
版　次：2015 年 5 月　　第 1 版
印　次：2021 年 5 月　　第 2 次印刷

书　号：978-7-5126-2422-1
定　价：39.80 元

本书作者宝爱莲在上海的居所

宝爱莲与儿子

宝爱莲与子女在花园

宝爱莲的丈夫约翰·波特

宝爱莲的儿子与女儿 1940 年代在上海

译者序

宝爱莲的英文原著是尘封已久的旧书，出版已有四分之三世纪了。网上看到了买来，读到作者结识吴佩孚伉俪于直奉大战，又出生入死，乱中采访民初群雄，其事迹彪炳涣汗，不免感慨一番。阅毕束之高阁，渐渐淡忘了。

前一阵，在上海福州路的一家打折书店买了陶菊隐的《吴佩孚将军传》（收于《狷介与风流》，山西人民出版社 2007 年 11 月第一版），读到一段关于吴佩孚与"德国小姐露娜"的描写，不禁有些诧异。陶菊隐是如此描写的：

一天，德国小姐露娜从北京来到洛阳，抱着崇敬英雄的一种心理，找着她的亲戚——北京德使馆官员——写了一封介绍信，不远千里而来。不错，过去吴的风度是掷果偷香之类，可是现在呢，黄澄澄几根鼠须，乌糟糟两排黑齿，清癯的脸庞上配着一双大而赤的眼睛，宁足当西方安琪儿之一盼？可是露娜向之飘送媚眼，向之情话喁喁，把他当做理想中之对象。吴对"恋爱经"素乏研究且不感兴趣，露娜的一番热情无异于"对牛弹琴"。

露娜回京后有信来，干脆说："吴将军，我爱你，你也爱我吗？"这给巡署译员一个大大的难题了："堂堂洛帅乃中国旧礼教之忠实信徒，这封信是呈上去呢还是留中不发？"他请示郭秘书长（其时郭未死），郭笑着说："还是呈上去，你无权扣留大帅的情书。"译员只好硬着头皮如命而行，一

本书作者宝爱莲盛装照

面偷觑脸色，见吴不怒而笑，知道钉子是不会碰的了。后来一连又来几封信，吴不免得意忘形，偶向张夫人提及，意若曰："你放心，我不会闹离婚。但你莫把我这老头子当一件滞货。"哪知张夫人为着假爱情动了真气，天天闹着要扶正……

　　……

　　至于那位德国女士呢，不久回到德国，仍不断有信来，足足纠缠了两年之久。

　　看完这段，大感困惑。第一次直奉大战时，与吴佩孚有过交结的，除了美国记者宝爱莲，难道还有一个德国小姐"露娜"？因陶的作品没有标明故事的出处，只得盲目查找各类资料，包括《奉直战云录》、《直皖奉大战实记》等，但求振聋发聩，填补无知。可惜笔者于民国史是门外汉，费尽气力，竟一无所得，没找到露娜的一鳞半爪。又想，会不会是陶与吴佩孚私交笃厚，或与吴的左右义结金兰，知人所不知，才写人所未写呢？于是又翻阅陶的自传类作品，包括《记者生活30年》、《孤岛见闻》等。看来看去，似乎也

本书作者宝丽莲采访山东临城火车大劫案时乘轿子时摄

不见与吴佩孚阵营有什么了不起的交情。倒是《记者生活30年》有一段写道：

> 吴佩孚早年的历史，为各种书刊所未载，我因友人提供了一些资料，均写入《吴传》内。此项资料，至今仍有人认为可供参考，要求复印此书，作为内部发行，因我不同意而罢。

如此看来，所谓"德国小姐露娜"，很可能出自"友人提供"的"一些资料"。陶菊隐当了几十年新闻记者，应该不会信笔胡诌的，何况他写得有鼻子有眼，仿佛身临其境的样子。连该书的《编辑前言》里也大肆发挥道：

> 最有意思的是有个洋小姐，爱上了年已五十，几撇黄须两排黑齿的吴大帅，千里迢迢写信来诉说爱情，吴拿着情书当公函，一样批了四个字：老妻尚在。

这段话现在成了经典，凡说到吴佩孚，必然照抄。搜索引擎里输入"吴佩孚"，就会引出这段佳话。但"友人"是谁未有答案，"资料"是什么也无从得知，我便一直困惑于这段佳话的真实性。如果"友人的资料"那么准确，为什么只字不提深入直奉战区，住在吴家的美国女记者宝爱莲呢？虚无缥缈的"佳话"流传甚广，而货真价实的人物及事件，倒彻底漏掉了。

由此，我对《吴佩孚将军传》的严肃性也生出了些须怀疑，觉得它的写法，或者接近《史记》了，并不区分传说与史实，将其书名改作《吴佩孚列传》更恰当些。但我研究有限，不敢否认"露娜小姐"的存在。唯一能做的，是将宝爱莲的英文著作翻译成中文，让专家及历史爱好者多一种参照。毕竟，宝爱莲是真实存在的，有档案，有照片，有《大陆报》及《国际新闻社》的系列报道供查阅。不仅有她自己的著作印证，更有丈夫及儿子的著作印证。

宝爱莲活跃于中国的日子，已过去近一个世纪了。她的名字对今日的每个人都是陌生的。她 1921 年抵华，1940 年离开，其生活与事业，谈不上轰轰烈烈，所以中外典籍，对她罕有提及。但我们今日还是把她翻了出来，因为在中国新闻史上，她是值得记上一笔的。

单看她的芳名，第一印象，以为不是来自伶界，就是出身青楼。其实她是地道的美国白人，本名叫 Edna Lee Booker。若采用今日的普通话音译，大概可以叫艾德娜·李·布克。但她活跃在民国时代，那时的洋人若长居中国，无论是否通晓中国话，往往爱就着自己名字的母语发音，正儿八经取个中文名，而非随便闹个译音。谙中文的如福开森、司徒雷登，不谙中文的如端纳等，盖莫如此。因此，抵华后便拜师发蒙的 Booker，自然不能免俗，成了所谓"宝爱莲"。给她取名的是上海的一位老学究王先生，用的是吴方言读音，于是 Edna Lee 便读成了"爱莲"。假如是让京城遗老用标准官话来取名的话，其实是应读成"爱莉"的。

她初抵上海时，中华民国刚届十岁，无比稚嫩，她也同样的稚嫩。刚出校门，云英未嫁，连意中人都没有。至于新闻从业经验，说起来是在美国干过，其实也就是蜻蜓点水，完全不知深浅。但她好学，有激情，敢冒险，对中国怀抱无限憧憬与痴迷，不存偏见，终于，在春蕾初放的年华，就只身远

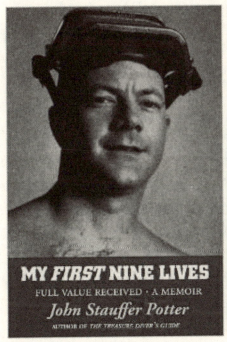

本书作者宝爱莲的长子约翰·波特（1924-2014）

他长期生活在中国，任职于美国海军情报部门，曾被中国人民解放军俘获。后根据此经历出版《九死一生》一书，颇为热销。

本书作者宝爱莲长子约翰·波特晚年照

航，不远万里来到申城，一头扎进了老男人垄断的上海报界。

今日传媒行业里，女性占了压倒多数。大学新闻系也几乎被女孩子垄断。但在她那个年代，报社里绝少巾帼的身影。所以，她进了上海美资的英文《大陆报》后，成了绝对稀有动物，被同事戏称为"姑娘记者"（Girl reporter）。

说实在的，宝爱莲天资一般，身为记者，对世界大事一知半解，对中国的时政与历史更是懵然不知。中文学来学去，入不了门。母语写作水平，看她写的书，也乏善可陈。她在《大陆报》的作用，就是混迹于上海十里洋场各种社交场合，从半醉男女的胡话里，捞到一些花边新闻，填塞报头报尾，借机也替自己物色结婚对象。当然，她的存在，极大改善了《大陆报》办公室沉闷的气氛。

就是在这些社交场合里，她结识了出自上海名门的宋美龄，第一次知道了中国的国民革命，兴趣开始转到了中国时局。

诚如英文谚语所说的，Every Dog Has Its Day（每只狗都会有出头日的），宝爱莲的出头日终于来了。1922年，中国北方出大事儿了。奉系张作霖与直系吴佩孚为主宰中国而争斗，终至无可调和，准备开打。欧美媒体对此事非常关注，纷纷派员报道，而活泼好动的宝爱莲，主动担起了这任务，代表两家美国新闻机构赴前线采访。

宝爱莲天资虽一般，行动力却极强。她有美国姑娘的所有优点：独立，善动手，能吃苦，不怕脏，无娇气。她热爱户外活动，能跑，能跳，上得山，下得水，还是熟练的摩托艇运动员。所以，一说上前线，脱下晚装，蹬掉舞鞋，换上马裤旧衣，不管语言不通，不顾文化阻隔，挤上难民成堆的恶臭火车就走。这一点，中国女性要几十年之后才慢慢学到。

她从上海一路北上，先在奉天采访了张作霖、张学良，又在北京采访了徐世昌，然后南下洛阳见到了吴佩孚。这时，她的女性身份占到了大便宜，吴佩孚对她大有好感，又是明志，又是赠诗，最后邀她共赴保定府，到家里做客。所以，宝爱莲就以贵客的身份，在吴府内院勾留了多日，与吴太张佩兰同吃同住，状如亲人。在西方记者中，她是真正"深入"到中国军阀私生活里的唯一一人。而这段历史，在有关吴佩孚的所有研究资料里，竟然付诸阙如。取而代之的，是难辨真伪的"德国姑娘露娜"。

宝爱莲住进保定吴府未久，就等到了第一次直奉大战正式开打。她冒着枪林弹雨，第一时间赶到长辛店前线，经历了血与火的洗礼。从战场退下时，她挤在伤兵堆里，眼看着一个个年轻生命在脚边死去。后来换了一列火车，整节车厢除她是活人，其余全是棺材，里头是一具具残损的尸体。

大战进行中，她采访了冯玉祥，又抽空往太原采访了阎锡山。她受枪击，受炮轰，遭赵倜士兵的伏击，无数次死里逃生。其勇气与职业精神，与任何一个男同行相比，有过之而无不及。

大战结束后，她在保定采访了志得意满的曹锟，回途经天津时，又采访了将接替徐世昌的黎元洪。至此，中国北方的军政强人已被她一网打尽了，剩下的，是以孙中山为首的南方群雄了。于是，她又开始计划南下了。

值得一提的是，第一次直奉大战时，虽然战事发生在中国首都郊外，虽然是中国人打中国人，但实时新闻报道的主力并非中文报，而是各种英文报纸，包括《字林西报》、《文汇西报》、《大陆报》及其晚刊《星报》。其中尤以《大陆报》系的报道最力。至于各中文报刊，大多翻炒西报内容。翻开陈冠雄的《奉直战云录》，有关战事进程之描述，通篇援引各西报的报道，无法从中文报纸中获得点滴。中国人的事情要从外国人的报道中了解，这一传统，一个世纪后的今天，还在延续。

而《大陆报》对此场战事的成功报道，宝爱莲功不可没。她"嵌入"在吴夫人张佩兰的内院，与"嵌入"在吴佩孚前线指挥部的男同事柯罗思相呼应，立体报道了这场战事。直到今日，他们的报道，还是了解这场战事具体场景的基石。

从北方回上海后，宝爱莲不及喘息，又奔赴广州，采访代表中国未来的革命阵营。她注定要见证历史，甫抵广州，便遇上陈炯明叛乱，差点送命。而这时，经历了直奉大战的九死一生，她已成长了，是名副其实的战地记者，任何危险都不足以让她放弃报道工作。她顶着炮火找到电报局，发出了陈炯明叛乱的电讯稿，成了全球第一个报道此事的西方记者。她刚走出电报局大门，两颗炮弹落到了电报局屋顶，将建筑炸塌了。

得知孙中山已从总统府逃往永丰舰后，她又设法联系一艘摩托艇，漏夜顺珠江追寻而去，非要见到他，完成采访任务。摩托艇驶到半途被拦截，机枪扫射过来，驾驶员当场中弹昏迷。她临危不惧，抢过船舵，亲自驾驶，逃出险境。原来，她在加州就是摩托艇爱好者，16岁开始就精于此道，没想在遥远的东方发挥了作用。到了永丰舰，她手脚并用爬上船舷，终于见到了孙中山和蒋介石。

宝爱莲的经历足以证明，她已超越了普通记者，将自己变成了一个传奇性人物。舞文弄墨非她所长，但行动能力过人。笔者在翻译此书过程中，常叹她经历之奇，恨她笔力之差。换上稍有文采的人，只需有她经历之十一，就足以写出引人入胜的佳作，博个大大的好名声。

但这只是我们凡夫俗子的想法。对宝爱莲这种人，人生就是场体验而已。从广州回上海不久，她便辞去了《大陆报》的工作，只保留了国际新闻社特派员一职。随后便是结婚，嫁给了美国人约翰·波特。待其长子出生后，她把国新社的工作也辞了，成了职业家庭主妇，相夫教子，就此淹没在上海的外国人社区。

正如笔者在《民国采访战》一书的译者序中所说，旧时代在华的外国人，无论行业与出身，都要写书，讲中国与自己。宝爱莲也不能免俗。她一生出版过两本书，头一本是《新闻为重》（News is My Job, a Correspondent in War-Torn China, The Macmillan Company, New York, 1940）。后一本是与丈夫合作的《逃出中国》（Flight from China, The Macmillan Company, New York, 1945）。

本书选取《新闻为重》一书的部分章节译出。前文说过，宝爱莲此人风骚不逊，而文采略输。她的书文字乏味，内容杂乱，轻重不分，编排无序，夹杂对中国历史谬误百出的介绍，对时局背景毫无见地的交代，更穿插无趣之极的生活琐事，啰啰嗦嗦。如果全盘照译，必然不堪卒读。因此，笔者在翻译时只择其精华，冀突出重点，将最具相关性的内容呈现给当代读者。书中的小标题为译者所加，书名也作了更换。

宝爱莲的另一本书《逃出中国》分两部分，前一部分是她自己写的，不知所云。后一部分是她丈夫波特写的，讲述他在上海沦陷后被日本人囚禁三年的生活，有相当的历史价值，可与鲍慧尔《我在中国的二十五年》及其他同类作品参照阅读。讽刺的是，波特作为美国大公司的职业经理人，无论文笔还是逻辑都远远好过以写作为业的太太。至写作此文时，《逃出中国》尚未译成中文。

宝爱莲在华生活了20年，不仅自己深深卷入中国的历史车轮，也影响了自己的长子小约翰·波特。他随父母长期生活在中国，后任职于美国海军情报部门，从事对中共的间谍活动，曾被中国人民解放军俘获。后根据此经历出版《九死一生》一书，颇为热销。小波特已于2014年过世，时年89岁。

杨植峰

2014 年 12 月上海

目 录
contents

初抵上海

初抵时，上海于我是全然新奇和陌生的。那是在一战结束后不久，我的身份是双重的，其一是任美国国际新闻社驻上海的通讯员，其二是任《大陆报》(The China Press，美资的上海本地英文报)的"姑娘记者"。所谓"姑娘记者"乃是对年轻女记者的谑称。当时，女性踏足新闻界，还是极新鲜的事。

我是与一群加州的朋友结伴来申的，出发地是旧金山。他们都是老上海了，返美度假后归来，而我则是彻头彻尾的新人。船一进吴淞口，我就被四周情景震慑了。但见拖轮牵着长串的舢板，比火车还长，满载货物，从黄浦江上缓缓驶过。曾在密西西比河上服役的老式明轮船，灯火通明地游弋，双侧的明轮击打出冲天的水花。康拉德笔下 P&O 公司的远洋巨轮泊在码头上，船上飘扬着法国三色旗。各国军舰下锚于江心，四周穿行着带篷的小舢板。在江水的拐弯处，一大队的中国渔船行过，帆樯林立，遮天蔽日。

正目不暇接时，随着一声尖锐的哨音，轮船停到了码头。

一见外滩的通明灯火，浦江的景色便立时被丢到了脑后。外滩的岸线宛如一个精心规划的公园，由连串草坪、不同的树种和丛生的鲜花组成。树木花草的背后，是庞大的建筑群，勾画出城市的天际线。

我在朋友们的前呼后拥下上岸，被塞进一辆汽车里。而我的本意是想乘坐人力车的。但汽车从外滩一拐入南京路，小小的失望便一扫而空了。这一路的景象简直妙不可言，五光十色的灯火，色彩斑斓的店招广告，自在散漫的人群，让我目不暇接。少顷，汽车出了市区，来到乡间一幢伟岸的巨宅。一个满脸堆笑的守门人推开了高耸的大铁门。

房子有三层高，与马路隔得很远，四周大树密布。原先的房东是个地位显赫的德国人。一战时，被英美势力的公共租界当局赶了出去。我的所有朋友在上海都自拥豪宅，并以此自豪。我倒是希望能住在中国庙宇或中式房子里，而不是住一幢设施齐全的德式广厦。但据悉，只有北京的外国人才有机会住中式的四合院。

我住的那套公寓在房子的三楼，含一间卧室、一间书房和一个卫生间。几个星期后，来了一个新邻居诺拉·沃恩。她也是刚来中国不久，被河北省的一户豪门富户认作了干女儿，长期生活在中国大家庭里。我们当了几个月的邻居，成了好朋友，一起梦想坐着大篷车游历蒙古大地。她举止文静，一头金发永远梳理得顺滑如丝。和我一样，对中国怀有一种罗曼蒂克的想象。每天连续几个小时坐在打字机前，写她在华北的一些经历，希望能获得《大西洋月刊》的采用。多年后，她把在华经历写成了《客居》一书，立时洛阳纸贵，誉满全球，作品被译成了十四种文字出版发行。当然这已是后话，不表。

我在上海的首夜，睡在一顶巨大的蚊帐里。房间的窗户大敞，远处传入的箫声如泣如诉，清晰可闻。这古老的旋律充满了异域之美，开启了我对中国的认识。

次日，我被一个柔和的嗓音唤醒了，睁眼一看，床边立了个中国妇女。

她一边轻拢罗帐，一边轻声道："夫人，该起床了。我是专门服侍夫人的阿妈，夫人有什么吩咐，我是随叫随到的。"

1920 年代的上海外滩
作者就是从这里登陆上海的

　　话音未落，她的身后又出现了一个身材颀长的中国"仆孩"，满脸堆笑，身着簇新的白长衫，端着满满一盘早餐，香气诱人。口里道："夫人早，还喜欢中国吗？我是二号佣人。"听他这么一问，我连忙道："岂止是喜欢，我爱中国。"这倒并非随口一说，因为从儿时起，我就对中国充满了浪漫憧憬，几乎到了神魂颠倒的地步。

　　阿妈身坯结实，模样坚毅，杏脸慧眼，一头浓密黑发盘成个紧实的发髻，油光水滑，上面斜插一朵香气四溢的鲜花。她上穿一件瘦身的洁白细麻上衣，下衬一条玄色的闪光纱直腿裤，让我顿生好感，从一开头，就对她言听计从。及至后来，阿妈在我的生活中扮演了不可或缺的角色，则是我始料未及的。

　　阿妈和其他仆人都说一种洋泾浜英语，一开始颇让我摸不着头脑。那是一种混杂了葡萄牙语、马来语、印地语和其他土话的殖民地英语，后来才慢慢习惯。

随后发生的一件事，又让我领教了上海外国人的奢侈。我的行李是次日送抵的，阿妈、雪松（二号佣人的中文名）帮着我一起开箱整理。因为有许多照片要挂到墙上，雪松就喊来一个粗做的男佣做这事。我很奇怪为什么他自己不做，不就是用锤子把钉子敲进墙里吗？

"这可不是我的分内事，"他解释道，倒像是我问得不对了。

我想，怪不得我朋友罗宾逊夫妇要养那么一大群下人，原来每个佣人只做那么一点"分内活"。他们家有佣人主管、二号佣人、大厨、帮厨、阿妈、粗做、园丁、花园杂工、司机、洗衣工、住家裁缝，一大堆人。

这不禁让我想起我们在加州农场请的华裔帮工老叶。他可是里里外外一把手，但愿永远别染上这种只干"分内活"的毛病。一看到雪松，我就想起在美国时曾经采访过的一个电影演员，总是说这也不能做，那也不能做，因为要对得起"公众的期待"。

不过，犯不着为佣人的事情太费心，重要的是开始我在《大陆报》的工作。

《大陆报》履新

我是乘出租汽车去《大陆报》社报到的，沿途先要经过活色生香的南京路。虽然已不是头一回了，还是目不暇接。那色彩斑斓的街景，真可以媲美凡高的油画。

一路上万头攒动，全是不紧不慢踱着方步的中国人。他们对汽车喇叭和货郎担的敲打声置若罔闻。人力车在车流中穿行，乡下人用扁担挑着鸡鸭蔬菜一路叫卖，小贩推着独轮车左闪右避。苦力奋力推车前行，发出"嘿候、嘿候"的号子声。突然间，汽车紧急刹车，原来是一队伟岸的锡克警察骑着高头大马经过，头上扎着鲜艳的头巾，举着飘扬的旗帜，神气活现。他们走过后，车子又多等了一会儿，让三头水牛走过，才重新启动。不想却又陷进了一个婚礼队伍里头了。新娘坐在一顶华彩大轿子里，遮得严严实实，在晃荡中前行。我真担心她怎么受得了这折磨。

未几，就听铙钹齐响，锣鼓喧天，唢呐高亢，中式的婚礼乐曲奏响了。车夫用洋泾浜英语对我说："今天是黄道吉日，宜嫁娶，所以有很多人成亲。"有趣的是，今天这吉日不仅是宜嫁娶，看来还宜殡葬，因为一路还碰到了许多出殡的队伍。

1920 年代初期南京路上的出殡队伍

　　这么走走停停，总算到了报社。报社坐落在市中心广东路和江西路拐角的一幢大楼里，没想到外表竟如此残破。车夫道："《大陆报》到了……那么，夫人，你是签账单吗？"说着，递给我一张单子，一支铅笔。

　　"签账单，什么意思？"

　　"很简单的，夫人只要写下名字就行了，过一阵子，收款人会来收账的。我们上海这地方，每个人都是签账单的。夫人以后要买东西，比方说漂亮的皮草、玉石，喝茶，都不必付现金的，只要签账单就行了。"

　　在他的谆谆教诲下，我在账单上签下了自己的大名，从此被这远东地区祸患无穷的签单习俗拖下了水。然后走进了邋里邋遢的《大陆报》社大楼，找到了编辑部。

　　接待我的是本埠新闻版主编道约尔。他是爱尔兰人，一头红发，满面的笑容极富感染力，让人不由得精神振作起来。他后来去了美国，投身广播事业，声名大振，那是后话。当下，他热情招呼我说："啊，是宝小姐，快请进，快请进。"说了没几句，又迫不及待道："来来来，快跟大家认识一下。"

于是便和大家一一认识了。不说不知道，原来，我的新同事全是纽约和伦敦有名的新闻人，比如编辑里的米勒、克劳、比福尔，记者里的索考尔斯基等。

和他们相比，我真的只能算是一个"姑娘记者"而已。

上任的头一个下午，主要是向道约尔介绍我以往的新闻工作经验。因为年轻，我的经验自然有限，不免有些紧张。但说到后来就渐渐放松了，尤其谈到在《洛杉矶先锋报》和《旧金山公报》的经历时，最为振奋。我在两家报社都任职于本埠新闻部，同事众多，大家抢新闻，抢时效，压力很大，也学到了许多新闻方面的真谛。我进《先锋报》时才十六岁，在那里干了一年，又在《公报》干了几个月，然后进了南方的一家教会女子学院读了两年书，接着就接到了中国《大陆报》的录用函。

得知要到中国工作后，我真是欣喜若狂，一阵风似的冲进了《先锋报》，将喜讯告诉了原上司、本埠新闻部主编坎贝尔。他听了，看似随意地提到："何不顺便担任国际新闻社的驻上海特派员？我给咱们报社在纽约的国际新闻部主编法瑞斯发个电报吧，看行不行。"

回电不久就来了，居然说可以，让我同时兼任国新社的远东特派员。所以，事情简单起来时，可以简单到让人不可思议。但我的家人却不放心了，后来，朋友们保证说，我在上海时可以和他们合住，家里才同意我来远东。

说完这些，我哈哈笑了起来，突然有些不好意思。

道约尔满意地点点头。他说："很好。现在要紧的一件事，是替你印名片。但你得先起一个中文名。"

于是他叫来一个中文秘书替我取名。此人一把年纪，文质彬彬，学究气十足。我按照中国习惯，姓在前，名在后，把自己的名字慢慢念了好几遍——Booker Edna Lee。他竖起耳认真听着，照着上海话的发音，写下了我的中文姓名：宝爱莲——宝贵可爱的莲花。知道自己名字的含义后，

《大陆报》的周末时尚版

上海美资英文《大陆报》编辑部大楼
位于上海广东路、江西路拐角

我的心都酥了。

一旁一位男同事大笑着说:"不错不错。你知道吗,我的中文名叫'聚德'。用上海话一念,像是缺德呢。一个记者起这种名字,听上去像诨号。"

沾了是小女生的光,我真是得到了很好的照顾,写字桌被安排在靠窗处。在闷热而破旧的本埠新闻部里,靠窗的位置当然是最理想的地方。

我的头一件事,是读一摞摞的各种上海本地报纸,着手了解我所在的这个城市。一个中国工友走过来,在我的桌上放了一杯热腾腾的中国茶,一碟西瓜子。

对于我的采访工作,报社没有任何条条框框。需要遵守的规定只有一条:无论如何,都必须维护美国的声誉。

套用一句中国话,就是要保护美国人的"面子"。

上海社交

　　上海的外国人往来很密切，一旦来了新人，尤其是女孩的话，立时尽人皆知。登门拜访者络绎不绝，一般都是些魅力四射的上流妇女。我的日程表总是排得满满当当的了，每天都是晚餐，鸡尾酒会，茶舞。二月份的华盛顿诞辰纪念日舞会还很遥远时，我就早早被预订了。法国国庆日，情况也是如此。平时的话，去看赛马有人陪，去看打野鸭有人陪，去看马球比赛也有人陪。陪我的男伴国籍各异，以欧洲人居多，一般都有些年纪，对待妇女的态度毕恭毕敬，绝没有半丝的含糊。于是我开始复习起了法语，还考虑学习意大利语了。

　　但最终捕获我心的还是一位美国同胞约翰。他的微笑很具杀伤力，从见他的头一天起，就把我心中的蜡烛点亮了。之后的好几个星期 我都晕晕乎乎的，一度忘了我的工作是采访，忘了我正身处中国。

　　上海的晚餐时间都在八点半以后，而且都必须正装出席。这很合我的意。我在英文报纸的广告上找了一个中国裁缝做衣服。他擅长裘皮大衣，有皮货供客户选择，客户也可自带衣料。但那广告词用英文写出来后，意思变成了："专做皮衣，可用你的皮肤，或我的皮肤。"让人忍俊不禁。

理查饭店的广告招贴

上写茶舞每日举办，晚餐舞会每周六举办。

我在他那儿做了件晚装，但料子既不是他的皮肤，也不是我自己的皮肤，而是中国的华美绫罗。他没有任何版型可参照，只根据法国时装杂志上的草图，就做出了一身仙风云裳，本领堪称卓绝。替我做鞋的鞋匠也毫不逊色，只画出我脚型的纸样，就照着最新的纽约设计的楦型，手工做出了合脚的皮鞋。此外，我还学会了骑蒙古马，谈论明代瓷器，接受吻手礼，玩中国规则的麻将牌。

但归根结底，所有的社交活动都是和刺探消息沾边的。见我玩得忘乎所以，有一天，道约尔将我拉到一旁道："大小姐，别忘了，新闻采访是你的第一要务。玩归玩，采访不可荒废，要将上海变成你随心获取新闻的宝地。设法把一切新鲜的体验，都转化成打字机下的内容，并将它们提炼成值得刊登出来的东西。"

一席话使我茅塞顿开。从此之后，法国总会不再仅仅是一个迷人心魄的娱乐场所，而成了多彩多姿的新闻来源地。那本是上海神秘人物最爱聚集的场所，我就是在那里练成了一个探戈好手。每天下午五点之后，各色人等就在那里陆续出现，跳舞，喝酒，交谈。整个花园聚满了谈天说地的欢乐人群，法国音乐在空中飘荡。

出现在这里的客人都是大有来头的。你瞧，邻桌那个大块头是巴伐利亚的大农场主，他长个红润的大脸盘，下巴好几层。那独臂的高个英国人是中国某军阀的顾问。他旁边晒成古铜色的家伙是个常年混迹满洲的美国人，据说娶了哈尔滨最漂亮的舞女。

在法国总会，我认识了一个来上海混迹的女冒险家，姑且称她为男爵夫人吧。此人声名远播，但口碑欠佳。我给她做了一次专访，把文章用平信寄回纽约，发在周末的副刊上。文章都是些八卦的内容，比如她的床，是用古庙拆下的描红镀金的木雕板打造的。她的客厅，贴满了金箔。她的吧台镶嵌着奇石。她的睡袍是前清格格的遗物。但关于她与上海某位要人的畸恋，以及这段情缘的悲剧结尾，我则只字未提。

在法国总会，我还采访了流亡上海的白俄将军谢苗诺夫。之前他一直

1920 年代的上海法国总会，目前是上海花园饭店的裙楼。

宝爱莲在法国总会采访的白俄将军谢苗诺夫

活跃在西伯利亚和满蒙一带，与蒙古王公及喇嘛们关系密切。在我面前，他的话匣子彻底关不住了，大谈起自己的辉煌历史，说自己曾拥有专列，手下的骑兵和骏马都用专列来运送。专列的最后一节是他的流动宫殿，布置奢华，满铺着厚实的地毯，四墙悬着真丝壁挂，长沙发上覆盖着绣花布套。说开自己过往的威风史，他完全坐不住了，来回踱步，双手插在外套口袋里，模仿拿破仑的姿势，吹嘘自己不仅智慧，而且勇敢，曾只带着一个哥萨克亲兵，就拿下了一整个固若金汤的要塞。说着说着，他忘了还有那个亲兵在，故事就演变成单枪匹马勇夺敌塞了。

除他外，我专访过的人物有无线电之父、意大利人马可尼，苏俄芭蕾女神巴甫洛娃，小洛克菲勒以及爱因斯坦夫妇。上海是远东的中心，所有名人都要来这走一趟的。

学习中文

　　同事里有一个华籍员工李先生，他是密苏里大学毕业的。一些涉及中国本土事务的采访，总由他作陪。他见我整日价的疯忙，很看不惯，告诫道："庸碌者无为啊。"并建议我花时间修炼，还会说："静修片刻所得，虽蓝田美玉不换也。"一个记者劝人修炼，实在是有些奇怪。然后有一天，他突然笑嘻嘻地劝我学中文。

　　道约尔一听就有异议，说外国人一想要掌握中文，脑子立马就会混乱起来。中文难且不说，方言也太多，学不胜学。但李先生不为所动，自说自话就请来了一个中文老师王先生，逼得我没了退路。王先生每天早晨八点准时到。若逢下雨，他是绝不出现的，因为他是温室里的植物，经不起风雨。

　　王先生细瘦修长，椭圆脸庞，总是面无表情。走路时身体摇摆不定，仿佛弱不禁风的幼柳。背地里我管他叫柳先生。他穿灰色的绸子长衫，黑马褂，镶着裘皮边。声音喑哑，细如游丝。手指细长，缓慢地挥动，甚是优雅。有时悬停在半空，那造型仿佛大理石人物雕像上的那双手。王先生真是中国旧式知识分子的典型啊。

与他相比，今日中国的新式知识分子可是彻头彻尾的不同了。他们会驾驶轰炸机，领导游击队，或以普通士兵的身份参加战斗。

就这样，每天早晨，我跟着王先生，反反复复念着中文的单字、词组和句子。和中国学校里的小学生一样，我的学习就是大声朗诵。于是渐渐掌握了少量的词汇，也免不得一有机会就炫耀一下。有一次吃饭时，把鸭子念成了上海话的"鞋子"，遭大家取笑，从此才收敛起来。日复一日，我管窥到了中国文字的诗意之美和丰富的视觉意象，觉得学习中文，还是颇为引人入胜的。

李先生每天给我送一份中文报，让王先生择要讲解。那些内陆省份政治纷争的简讯对我毫无吸引力，各路军阀调兵遣将的消息同样索然无味。其实王先生对这些也是兴味索然的。他的世界与这些打打杀杀实在隔得太远了。而报纸上最吸引我的，倒是那些离奇古怪的社会新闻。

有一则故事是讲陈家祖屋闹鬼。先是鬼魂肆意出没，麻将牌自己乱响，筷子自己在碗里扒动，空荡荡的屋子里听到人说话。继而发展到常常发生离奇死亡事件，警方无奈，只好下令将老屋夷平。结果，在其中一个院落的地下，警方挖出了五个棺材，都埋得很浅。于是主人将棺材移至花园柳林下一个柩房暂存，然后请来道士做法，大搞了一通。等一切程序做完了，道士说亡灵已慰，主人可以重建了。于是便重建。果然，以往的一切神秘现象都不复出现了。我将故事写成英文发到纽约后，编辑把挖出棺材的院落称为"死亡院落"。

另一个故事是讲上海老城里的豫园出了狐狸精。狐狸精肆虐，烧了旁边的一家米店。还有一个故事讲郊区一个农民误杀了家里的蚕神，因惊吓过度而死。这些事件，我都亲自前往采访，写出了报道。我还去了妈祖庙，参加了一艘新船的下水仪式。

与此同时，与普通中国人的接触也在增加。有一次去福州路的杏花楼吃饭，很开眼界，发现中国人有自己的幽默感和作乐方式。吃饭时是他们最放松的时候，跑堂的来回奔跑，菜一道道往桌上端，似乎无穷无尽。

包间里的中国食客纵情大笑，大声猜拳，大口喝加热过的黄酒。书寓姑娘坐在他们身后婉转啼唱，客人们有的在听，有的只当她们没到。小男孩们嬉笑吵闹，跑进跑出。我注意到一个细节：上海的餐馆里，吃饭的都是男人，如果有女性出现，必然是青楼女，从来没见过上海男人带自己的太太或女儿出来吃饭。我不禁想，看来是没机会认识本地女孩子了。

　　所以，学习中文也扩展了我的采访范围。

公共租界扫黄

外白渡桥以北有一块地方，过去曾经是所谓"美国租界"，后来与英租界合并，成了公共租界一部分。

那里曾经是藏污纳垢的所在，被称为"阴壕区"。来自世界各地的赌徒、流氓、下等妓女聚集在此，厚颜无耻地认领了美国公民身份。他们为所欲为，无人管辖，因为那时还未设立美国的中国区法庭，只有领事官员在管，实在是无能为力。到了1906年，美国政府看不下去了。老罗斯福总统痛下杀手，下令将那些不受欢迎的美国人"通通赶出"中国，以恢复美国人的崇高地位。同时，在上海设立了美国法庭，用以惩治犯罪的美国人。

但是，将上海的罪恶场所赶尽杀绝的想法，却落空了。那块聚集了罪恶行当的"阴壕区"经不断蔓延扩大，大部分已侵入到了中方地盘，租界当局并没有司法管辖权。中方的官员据说从中外经营者手中收取了大量好处，自然乐于这个地方继续存在下去。

有一次，那里的酒吧又发生了恶性斗殴事件。一个美国水手、一个中国妓女和一个混血女孩在打斗中丧生。于是那地方再次进入公众视线。

美国中国区法庭法官魏福来
他主持了公共租界的扫黄运动

公共租界当局决定趁此机会，开展"清扫阴壕区"行动。

　　行动开始后的一个夜晚，我驾车与租界"道德福利会"主席罗林森博士前往北四川路。同行的还有上海工部局灭罪署的一个官员，以及他率领的"清扫阴壕区委员会"成员。北四川路是通往租界北区的重要干线，由工部局警务处的巡捕负责日常巡逻。但一离开主路，所有的小路、弄堂都属于中国地界，由中方控制。里头鸦片烟馆鳞次栉比，妓院林立，舞厅遍布，酒吧成片。租界的警员是不得进入执法的。

　　来到这地方后，虽然知道自己只是在采访，仍禁不住对乱象之甚感到不可思议，这里与我心目中的华夏景象相去太远了。但见弄堂极其狭窄，房屋低矮，犹如蚁窝，连绵不断地伸进夜幕里。门洞边悬着幽暗的红灯，灯下站着接客的妓女。中国妓女的腮帮上涂着两块胭脂，日本妓女则把整张脸涂得雪白。在此，你能找到所有国籍的丑婆子，因为沿海各地混饭吃的妓女在年老色衰后，都会汇集于此，游荡于阴暗的小街小弄，希望

1920 年代上海的烟花女子

能拉到一两单生意。

　　在几条稍微像样点的街道，则汇聚了六七家灯光璀璨的舞厅和酒吧，爵士乐从里头飘荡出来。在此，你能找到许许多多来自哈尔滨的俄国女郎，此外还有美国女郎和法国女郎。她们都围坐在靠墙摆放的一排圆桌旁。我们找了一间酒吧进去后，选了靠门的桌子坐下了。随着乐声响起，原本坐在吧台喝酒的男人们立刻蜂拥到"姑娘们"身边，先下手为强。看来，因抢姑娘而引发的争斗在这里是稀松平常的，就在我们坐着观看的当口，一个法国水手和一个意大利水手就为了一个姑娘争了起来。那姑娘长着一双深色大眼，一身红裙。争着争着，意大利水手的同伴都停止跳舞，冲过来助阵，胸脯挺出一尺远，脸红脖子粗地怒骂。法国水手们也不干了，开始朝意大利水手扔酒瓶。不久，南美人、南欧人也纷纷卷入了，演变成一场混战，椅子腿漫天飞，我们赶紧缩着脖子逃了出去。

　　明白了，那个美国水手和中国妓女就是在类似的冲突中丧生的。

　　站在街上，醉醺醺的外国水手横行而来，臂弯里挂着面貌独特的混血姑娘。黄包车川流不息，拉的也都是外国水手，目标自然都是妓院。那里的姑娘们都是见过世面的，知道如何对付这帮傻帽。无非就是奉上烈酒加毒品，让他们不省人事，然后从容地把他们搜刮得一干二净。

　　美国水手被害案由上海的美国法庭审理。审判过程中，租界方面对上海督军何丰林施加了巨大压力。出面对他施压的包括美英两国的政府官员、工部局高官、道德福利会、租界的十七个民间团体、各教会组织、所有报纸杂志等。最后，何丰林顶不住压力，只好同意铲平"阴壕区"。他的命令发布后，所有报纸都将它刊登了出来。

　　但"阴壕区"的覆灭，并不意味着上海的性产业已被连根拔起。在市中心的江西路，还残存着一个濒临没落的红灯区。它曾经非常著名，高等妓院扎堆，里头的姑娘都是美国人。原先我对此知之甚少，只是因为一个旧金山姑娘被害，我要负责采访，才开始了解它的历史。

　　不了解则已，一了解，不禁吓了一跳。原来，在 1906 年美国法庭设立之前，美国女性在上海是声名狼藉的。在远东的各口岸城市，英语"美国姑娘"一词与"黑社会妇女"竟然就是同义词。后来，老罗斯福总统下令在上海设立美国法庭，并将菲律宾的司法部长魏福来调往美国的中国区法庭任法官。在魏福来法官和上海区检察官巴塞特少校的命令下，上海所有高级妓院里的"美国姑娘"全都受到传唤，出庭候审，随时将被逐出上海。

　　当时，上海单身的西方妇女还比较少，这些"美国姑娘"无疑引领了上海的时尚。她们住在奢美大宅里，姿容秀丽，顾盼妖娆，知书达理，贵气迫人，在上流社会的社交活动中扮演了不可或缺的角色。接到传票后，她们次第坐着豪华马车出庭听审。美国法庭里顿时被中外男士挤爆了，通往法庭的路上也站满了人群，翘首等待一睹她们的芳容。

　　但是，道高一尺魔高一丈。美国法庭驱逐她们的努力，竟被她们轻松化解了。一听要被驱逐，这些女郎眨眼间都结婚了。她们嫁的，都是些什么古巴人，葡萄牙人，西班牙人，墨西哥人，顺理成章地变成了丈夫国家的公民，并自动放弃了美国籍，不受美国法庭管辖。美国人算是百忙了一场。大部分姑娘于是继续留在上海操皮肉生意，如是多年。后来，上海城市地盘向西扩大，江西路不再是唯一中心，繁华难继。各妓院便先后歇业，被各种其他业态取代。美国姑娘们容颜凋谢，有些老大嫁作商人妇，有些早早过世，埋葬在涌泉路（南京西路）的西洋人公墓里。在各种社交场合，至今常有人指着某位女士，悄悄对我说："瞧那位，她就是从那里出来的。"

　　我到上海时，江西路的盛况早已不再。硕果仅存的几家中，有尽人皆知的"江西路16号"。那可是传说中远东最奢华的妓院，可惜我无缘进入。它只接待西洋"绅士"，即便这些人，也必须先送名片过去，获得接纳后，才能进入。听去过的人说，里头大小舞厅好几个，客厅都装饰华丽，头顶是枝形水晶大吊灯，墙上蒙着锦缎，镶嵌着一面面大镜子，地上满铺中国地毯，家具描金镀银，三角钢琴漆成金色和湖色。那里夜夜笙歌，通宵跳舞，喝香槟如喝水。结账时，就数喝过的香槟杯子，算出该付的钱。

　　要不是里头那位旧金山姑娘被害，我还真不知道上海的这一面呢。

初识宋美龄

我在上海出入于各种社交场合，却没想过会结识到中国上层社会的女性。北京的外交圈里常常有中国社交名媛露面，但在 20 世纪 20 年代的上海，虽然中外商界人士也常在各类中式宴会上结交，但这种场合里一般没有中国女性出席。而在各种夜店里，在理查饭店的茶舞会上，我也无缘遇见中国人。

但有一次，我应邀出席美国驻沪总领事康宁汉（Edwin S. Cunningham）夫妇举办的晚宴，倒是意外遇到了宋氏家族最小的女儿，宋美龄小姐。

她着绸子礼服，友好而可爱。谈及美中两国时，浑身焕发出一种光芒。她的谈吐及举止十分美国化，却带着强烈的爱国主义情绪，流露出报效祖国的渴望。从她的言谈中，我能洞察她的精神，第一次意识到，中国不仅仅是一片浪漫的冒险之地，更是一个努力走向民主、向往新生活、向西方看齐的重要国家。

她同我谈了许多对中国未来的梦想。我们都是年轻女性，有很多共同之处，所以话很投机，絮絮叨叨交谈了许久。多年的友谊，就在那一刻

1920 年代的上海理查饭店，在黄浦江畔，苏州河口。宝爱莲经常在此出没。

形成了。

　　几天后，她约我到她家打网球喝茶。我欣然接受了，很高兴有机会深入了解她。毕竟，这是我在上海认识的第一个本地上层社会女性。

　　宋家住在法租界一栋富丽堂皇的大洋房里，有正规的花园和网球场。当男仆带我走进画室的时候，我能立刻嗅到这家人的平和与温煦。他们保留了传统中国最好的一面，同时又向西方现代精神敞开了大门。

　　宋美龄很热情地招待了我。我最欣赏她那种热情和平易近人的性格，何况她还说着与我相同的语言。她那深褐色的眼睛散发出温暖的光芒，聪慧的额前留着刘海，在颈后挽了一个干净的发髻，柔亮如同绸缎。穿一身半西式的网球服，非常吸引人。

我们交谈甚欢时，她母亲宋夫人走了进来。

对宋夫人的报道相对较少，在我看来，她是一个卓越非凡的女性，给我的第一印象是兼具魄力与淡定。她身着黑缎上衣和裙子，柔亮的头发上绑了一个整齐的假发髻，面容平静，眼神富有磁性，散发着一股力量。她端坐在一张散发着浓厚宗教气息的雕花红木椅上，身姿笔挺。在此要交代一下，宋夫人是一位虔诚的基督徒，整个家里的布置，都体现出她对宗教的虔诚。在她经常弹奏的钢琴上摆着一本赞美诗集，墙上挂着圣经故事的油画，靠墙的桌子上摆着各种中英文的宗教期刊以及一本巨大的家庭《圣经》。她家楼上有一个被称为"宋太太祈祷室"的房间。在那个安静的地方，她每日会去祈祷、诵读《圣经》。如果受忧扰太深，她会整日待在里头寻求指引，有时甚至待到深夜。她一直在为自己的孩子祈祷，更为中国祈祷。

宋夫人并不是"第一代基督徒"，而是成长于一个传统悠久的信教家庭，和她母亲一样，自幼就在浓厚基督教氛围下成长。我因为去拜会宋美龄，得以亲耳聆听她祖辈的故事。

她外祖母是明朝徐光启家族的后裔。徐家皈依天主教，已有三百多年历史。上海有一个地方叫"徐家汇"，就得名于她们家族（字义上解释即"徐氏家族的宅地"）。徐光启师从利玛窦后，加入了天主教。他协助利玛窦神父将数学理论译成中文，是一位影响力非凡的大臣。他是中国最早的天主教徒，被视为中国的天主教之父。笔者写作此书前的三年，中国有关方面曾在徐家汇他的墓地边举行过一次盛大的纪念典礼。

宋夫人还和我聊起了她的少女时代。她自幼聪慧，渴求知识，继承了家族传统中的宗教信仰和文化涵养。她所受的教育，是同时期中国普通年轻女性所无缘接受的。她不仅学习了中国古典文学，研习了不同流派风格的书法，享受了绘画和音乐的乐趣，学会了刺绣女红，还在女子教

待字闺中的宋美龄
本书作者与她往来时，她是宋氏三姐妹中唯一待在娘家的。

会学校里学习了英文，研读了外国古典文学，并独立读完了整本的英文版《圣经》。

影响她命运的最大事件是她的婚姻。她嫁给了一位归国留学生宋耀如。这场婚姻不仅影响了她个人的命运，更影响了整个现代中国的命运。尽管婚姻双方都是西化的中国人，但婚礼却是传统中国式的。

宋耀如是中国著名的"宋氏王朝"中的父亲。他是上一辈中国人中的翘楚，一位杰出的爱国者。他是杜克大学（原圣三一学院）招收的第一位中国学生，其戏剧般的人生已成为传奇。在一次毕业典礼上，他作为杰出校友获邀发表演说，在演讲台上受到众人的欢呼。杜克大学的校园

宋美龄在上海家中

宋美龄在娘家时

里有他的纪念碑，是他的家人和美国的朋友们为他竖立的。

说来也奇怪，有关宋耀如的报道也少得可怜。他老家是海南的一个小村庄，原本就鲜为人知，自然也没有留下和他有关的一手资料（哪怕是一些不严谨的报道）。但他的族系应该是很庞大的，也出过不少精明的生意人、农户和海产商人。

我对宋先生的了解主要来自那几年去宋家做客时与宋夫人的交谈。后来到了 1938 年，我在汉口又与蒋介石夫人宋美龄频密来往过一阵，从她那里也了解了一些情况。另一个资料来源是纽约州白原市的居民托马斯（James A. Thomas）。他是美国商人，过去的三十五年里一直在中国呼风唤雨，同时还是杜克大学的信托人。如今他已退休。此外，我还采访了认识宋先生的其他中外商人或传教士，查阅了杜克大学提供的素材及新闻报纸上刊登的文章。

宋耀如是三兄弟中最小的孩子，随后被过继给一个没有子嗣的堂舅舅（过继在中国是一种常见的习俗，目的是使整个家族得以紧密联系）。这位有钱的舅舅遂成了他的养父。养父在波士顿经营茶叶和丝绸生意，带着年幼的宋先生去了美国，希望培养他来支撑美国的生意。他的商店成了清政府头一批留美幼童的聚集点。年幼的宋耀如在那里结识了唐绍仪、温秉忠和牛尚周（几年之后温博士和牛博士成为了宋先生的结拜兄弟）。

耀如非常渴望去大学深造，但养父却极力反对。他是一位精明的商人，只希望养子可以接管他的生意。但后者对茶叶贸易并无兴趣，只一门心思要在美国得到深造的机会。1880 年的一天，失魂落魄的他游荡到波士顿的港口边，见停着一艘 Schuyler Colfax 号缉私船，一时起意，偷偷溜了进去。缉私船的船长是琼斯（Charles Jones），他发现了这个眼神明亮的男孩后，跟他做了一席谈，对男孩的胆量深感佩服，于是一路带着他前往威明顿。宋耀如的神奇历险人生就是从那一天开始的。

到了加州后，琼斯船长将深获他信赖的男孩介绍给了卫理公会的托马斯·佩奇·里考德牧师。宋耀如管这位长者叫里考德伯伯。里考德牧师带耀如回家，辅导他。几个月后，将他推荐给了圣三一学院，并为他争取到了奖学金。在学院里，耀如取了英文名字"查理"，并得到了有钱的慈善家卡尔将军（Julian S. Carr）的资助。卡尔将军曾经资助过许多美国学生。

在1880年时，圣三一学院仅有两幢教学楼、六位教授以及200名学生。在这小小的学院里，宋耀如广受师生们的欢迎。连校长夫人布莱丝顿·柯瑞文（Braxton Craven）也都成为他的朋友，不仅辅导他的课业，还热情地向他敞开家门。在圣三一学院的第一年，耀如就在一个小教堂接受了洗礼，成为基督徒。从此以后，他的事业便开始起步了。不久，他萌生了回中国的念头，想作为一名传教士，向自己的国人布道。

在卡尔将军的鼓励下，耀如在1882年至1885年间转到了Vanderbilt大学学习，并在那里被任命为牧师。这时，回到东方的念头更急迫了，因为他渴望自己的事业能在中国腾飞，更渴望见到家人。

他终于如愿以传教士的身份来到了上海，并向当地传教机构的负责人报到。这时，距他初次离家已有五年多了，所以很想在正式开始传教工作前，回老家看看。但上海的那位负责人拒绝了他的请求，这使他的理想与现实之间产生了巨大裂痕。在北卡罗来纳州时，他习惯了朋友们的热情与友好。在这里，这一切都不见了，取而代之的是冷漠和敌意。于是两人间产生了冲突。他面对的美国人是一个保守派传教士，认为自己才是正统，所有本土的牧师都要服从他。对此，宋耀如自然是不服的。在一封写给商人詹姆斯·绍思盖特（James Southgate）的信件中，我们可以看出他的不满：

"我至今仍未见到父母，连春节时都回不去。现在是说也不能说，只有一声不吭地耐心忍受。但一旦时机成熟，我就要摆脱他所谓的权威。这位有权势的人一直没存过好心，几年前刚开始传教时，就想要解雇所有本地牧师。他完全无视我的权利，不能公平对待我。但愿这一切会有改变……"

宋夫人倪桂珍像
她被视为中国历史上最杰出的母亲，养育了孙中山夫人、蒋介石夫人和孔祥熙夫人。

宋耀如便是在这种巨大压力下工作了好几年，既参与传教，也参与授课。一直熬到了 1892 年，终于毅然辞职，投入到孙中山领导的秘密革命运动中。

在一些爱国人士的帮助下，宋耀如成立了一家出版公司。帮助他的包括清朝第一批留美幼童中的几个，就是他在波士顿养父的茶叶店里认识的那些年轻人。期间他结了婚，有了小孩。孩子们从小就在南方卫理公会接受严格的教育，在家不能跳舞，不能打麻将、玩纸牌，不能喝酒。他的出版公司最初印刷中文版的《圣经》，以后就开始秘密印制革命宣传品，他的家成了革命者们的聚会场所。作为孙中山的得力助手，宋耀如还在中国同盟会中还担任了会计和秘书。期间，他多次带领全家暂避日本。1911 年清王朝被推翻后，他开始建立自己的事业。他创建了一个教会学校，为自己的家人盖了一栋宽敞的房子，成为当时上海屈指可数的豪宅之一。他的六个子女（三个儿子和三个女儿）都在美国接受教育。1914 年，他的恩人卡尔将军到访中国时，宋耀如与友辈一起隆重地迎接他，并把他接到自己的家中。

宋耀如于 1919 年过世。但这位伟人对子女们的影响是永远磨灭不掉的。

在 1922 年的这一天，我在上海宋府喝着仆人端来的茶水，亲耳聆听宋夫人讲述了以上的故事。她还特别提到了对子女们的期望。她与丈夫一早就希望将孩子们培养为基督徒，并像自己一样，充满爱国理想。她之所以让她的儿女们在美国受教育，就是想让他们更好地适应不断变化中的祖国。她拥有历史上所有杰出母亲们相同的品质，就是为孩子们不断奉献、祈祷与期盼。

她的三个女儿都是沿着她铺就的道路成长起来的。当她们还是穿着中国传统服装的可爱小女孩时，就先后进入新泽西斯密特镇波特温小姐（Potwin）创办的学校学习。每到周末，姊妹三人一起去主日学校做礼拜，成了当地的一道风景。不久后，最大的女儿宋霭龄和貌美如花的二女儿

少年时代的宋耀如，当时在美国求学。

宋庆龄被送到乔治亚州梅肯的威斯里安女子学院就读，而最小的女儿宋美龄则就读于韦尔斯利学院。儿子们分别就读于范德堡大学、哈佛大学以及哥伦比亚大学。

后来的故事就举世皆知了。宋氏三姐妹分别成为孔祥熙夫人、孙中山夫人和蒋介石夫人，被认为是东方最有影响力的女性。儿子们都在政府和重要商业机构里身居要职。而这一切，都离不开他们伟大母亲的培育。

宋夫人说完这些故事，起身离开了。宋美龄和我拿起球拍，迫不及待地冲到了网球场。她哥哥宋子文已经等不及要与我们一决雌雄了。

电报采访孙中山

风云突变，我发往纽约的新闻稿，也随之内容大变。

中国的各路军阀开始蠢蠢欲动，为再次发动大规模内战做准备。编辑部收到内地发来的大量电讯，据此判断，初夏到来前，战争将在全中国爆发。

什么是军阀？什么是内战？我一下陷入了茫然。

到上海后的几个月，我没有向美国发送过政治新闻报道。除了上海，我对中国这片广阔的土地知之甚少，而对上海的了解，最多也就到上海周边的乡下为止。但报社的其他员工对中国的局势都有一定的了解，他们常常在一起谈论着战争会带来的影响。我的无知，连我自己都觉得无法容忍。我只知道事情的表面，却无法揭示这表面现象下，局势在作何种演变。于是，我开始研究学习在北京、天津、汉口和广东的通讯员发回报社的电报。尽管王老师反对，我仍请求他从各种中文日报中挑选一些政治新闻并解释给我听。我逐字学习中国的历史，研究中国地图。我开始了解到，在这片广袤的土地上，上海仅仅是其中非常小的一个点，就像是开启一扇大门的把手。

李先生和其他同事也常常解答我的问题，但对我帮助最大的还是宋

孙中山像
本书作者电报采访他时，他任广州南方政府的临时大总统。

孙中山军装照

美龄。她认为有必要帮助我了解这些知识，于是特地抽出时间，向我解释中国的政治版图。她煞费苦心地描绘了一幅中国革命运动的图表给我，我开始渐渐明白，在经历了很长一段时间艰苦卓绝的斗争后，中国一直以来累积的革命成果，终于造就了后来的蒋介石政权。她的清晰阐述，使我了解了革命的整个发展过程。

简言之，辛亥革命后，袁世凯通过种种手段当上了中国的大总统。他在十八个省任命了十八个督军。他死后，每个督军都自立山头，盘剥人民，并幻想当上袁世凯第二。于是，便诞生了中国近代历史上所谓的军阀。为争权夺利，抢夺地盘，军阀间开始混战。1917 年、1918 年、1919 年及 1920 年，每年都有大战发生，中国陷入了内战的火海。

孙中山的共和主义理想受到责难。他难以立足，不得不带着追随者逃往广东，另立南方共和政府，并自任总统。因此，到了 1922 年，中国事实上分裂成南北两个政权。徐世昌是当时的北京政府总统，孙中山则是广州的南方国民政府的非常大总统。

此时，直系军阀曹锟和吴佩孚将军以及奉系军阀张作霖正准备联合攻占北京，孙中山和他的下属蒋介石将军也在努力成立一支自己的军队。美国的报纸纷纷把中国的政治运动作为报道重点。一天，国际新闻社的法莱士（Barry Faris）从美国给我发来一份电报，要求我向孙中山先生索取一份声明。于是我便发电报给正在广东的孙中山，他回电说：

本人已说过，我们南方国民政府移往广州，其目的，乃是为了统一中国。遗憾的是，我们这些创建中华民国的人却没有机会将中国治理成为一个共和国，并展现这个国家积极进步的一面。你作为一位来自美国的国际友人，除非你了解这个事实并铭记于心，不然你只会看到这个国家现阶段的混乱与无能。而我则坚信，这个阶段所蕴含的潜力和前途远超越欧洲在历史上的任何时候。

中国如果希望成为一个独立的国家，必须团结一致，并推进现代化。而任何一个独裁君主或是军阀都无力实现这一目标。这需要我们全体人民通过建立议会制政府共同努力来完成。南方国民政府正在集合军队，是为了在入夏前迫使武汉的北军前方部队懂得什么是进步力量。

同时，中国还必须统一起来对抗日本。

而针对现阶段中国的情况，孙中山在 1922 年所发表的预言则具有非比寻常的意义：

日本声称，希望在中国寻求解决其因人口过剩以及原材料匮乏而导致的工业衰退的方法，以此论调来掩盖其占领中国的真正目的。事实上中国内陆已经过度拥挤，而中国外缘的满洲及蒙古地区的条件并不适合日本人的需求，至于我们的原材料，则一直都通过常规的贸易渠道输往日本。因此，日本的动机纯粹是政治性的，目的是将中国作为它的殖民地。日本的在华政策旨在独占中国的人力和自然资源，以迫使美国与澳洲向日本移民者开放大门。这足以证明，中国的未来命运是关乎美国根本利益的，对美国来说，帮助中国并非一种利他主义的义举。

获准深入军阀老巢

　　中国的政局开始越来越吸引人了。我原本的兴趣是在上海寻找新奇的新闻故事，这种兴趣现在荡然无存了。现在，我更希望走出港口城市，走进广袤的内陆地区，深入地了解这个国家。而我最想要做的是采访那些中国的军阀与革命者们。我翻来覆去考虑了好几天，想给国际新闻社的法莱士写信，汇报我的想法。最后等不及了，干脆给他发了份电报。

　　未几，回电就来了。我欣喜万分，马上将电报里布置给我的采访任务大声地朗读给新闻部的同事们听：

　　上海宝小姐台鉴：

　　所请照准，请往各军阀总部，采访张作霖、徐世昌、吴佩孚、孙逸仙、伍廷芳。祝好运！

　　　　　　　　　　　　　　　　　　　　　　　　　　　　国新社

　　一石激起千层浪，办公室里炸开了锅。老前辈们讽刺道："像你这样的小女孩是没法承接这样的任务的，这可是男人的活。"

"是啊，现在这样的时候，你是没法深入到内地的，"道约尔插嘴道："你还没来得及赶回来，仗可能就打起来了。"

不管他们怎么说，我高涨的热情并没有受到丝毫打击，我的心已经乘坐魔毯飞向中国的首都北京。那里有徐世昌总统，他每日在华丽的衙门接见访客，而我是其中的一位；我的心还飞到了满洲北部的奉天，去采访中国东北独裁者张作霖元帅；自然了，我还想象去到古老中国的心脏洛阳，那里曾是几朝古都，目前驻扎着吴佩孚将军及其麾下大军；此外，我还向往奔赴几百英里之南的广州，当面采访孙逸仙先生。我曾经多么向往那里，如今却被战争摧毁。梦想中的广州就像是一个青花旧盘子，一副绣着大红牡丹的流苏披肩，又或者是一艘迎风破浪的帆船。现在它还那样吗？

我和阿妈一起收拾行李，打包了所有东西，包括浴盐和银色的高跟凉鞋。收拾到一半，我重新看了一遍电报。我并不怕遇到危险，也完全没有料到此行将多灾多难，唯一的担心是无法完成这个任务。

次日，我的行程开始了，首站是数百英里外的北京。

朋友们赶来车站与我告别，但是直到火车发车，他们仍在不停地劝我改变主意，认为我的行为太过疯狂。似乎只有约翰理解我的行为。他是美国人，我到上海不久后认识的。这几个月我与他常常相聚，对他越来越满意。尽管他也劝阻我贸然北上，却在方方面面给予我帮助。他给北方的朋友们写信发电报，希望他们能够照顾我，除此之外，临行前最后一刻，他还给了我一罐杀虫剂。

"为什么要给我一罐杀虫剂？"我笑着明知故问。

我在月台上挥手和他作最后的道别，内心隐隐作痛。在外期间，这种感觉并没有因为时间的流逝而减轻，一直延续到我回到上海。

采访徐世昌一波三折

火车到达北京的时候，夜幕已经降临了。

北京城的城墙在月夜中若隐若现，灰黑而庞大，将这个我日思夜想的城市怀抱在里头，让它在安逸中沉沉入睡。而在远处视线所不及的地方，长城则警惕地守卫着它。

次日一早，一个会说英文的中国人来到酒店，负责替我写中文信。我们一起准备了好几封采访申请函寄出。第一封信由信使亲自交到了北京总统府的礼宾官手里，请求拜会徐世昌大总统。

信寄出后，只能被动等待了。趁这工夫，我参加了端纳举办的一个为期四天的大型郊游派对。端纳近年来一直担任蒋总司令和夫人的非正式顾问，但那时还只是一个澳洲驻北京记者，因为长袖善舞，在京城里已是赫赫有名了。他在西山租了一个寺庙做别墅，这次聚会便是在西山的"寺院"举行。他爱大宴宾客，擅长组织大型聚会，声名远播。

端纳的所谓"寺院"实际上是逊清时代的皇家狩猎屋，虽然它坐落在山顶的高处，远离所有西洋与现代化的东西，但他想方设法营造出精致的生活方式。夜晚，我们穿着晚礼服，在烛光下用餐，享受精美的菜肴和美酒。白天，我们则骑上毛驴，翻山越岭，穿梭于山林间。古往今来，这块地方为探寻生命奥秘的圣人们提供过庇护。对我来说，这真是一段非常难忘的经历。

四天的欢聚很快结束了。回到酒店后，我收到了两封信，一封来自总统府，另一封来自贝克尔（E. Carlton Baker）。贝克尔是前美国领事馆工作人员，如今已是张作霖的美国顾问了。

总统府的信封规格特殊，比一般信封长很多。打开后，见信上写道：

宝小姐台鉴：

来信收悉。本人受总统阁下指令，敬复如下：因总统近来政务繁忙，无暇抽空接见。至为遗憾，望不至令小姐失望。

谨此

总统府大礼官王凯文谨上

而第二封信则告知我，张作霖元帅正在准备向吴佩孚将军发起大战，因此谢绝了所有的采访请求。幸运的是，贝克尔替我另作安排，可以去采访张作霖元帅的儿子，少帅张学良。

采访徐世昌无望，我自然是大失所望的，这等于北京白来了。于是一屁股瘫坐到沙发上，发出中国式的阵阵哀号："哎呀呀，哎呀呀。"

即便如此，生活还要继续，社交活动也不能停顿。那天晚上，我受中国驻纽约杨总领事的夫人邀请，去某个中国大官的府邸参加晚宴，给家族中老太太祝寿。那自然是个豪富的大家庭，宴会也气派非凡，逾千名嘉宾受邀参加。我十分兴奋，因为这是头一次有机会窥探到中国高墙深院内的大户人家是如何生活的。

我们到达时，门口有吹鼓手迎接，清一色的男孩，红衣上绣着金色盘龙。朱漆大门开在最外一道围墙，门上镶着金边，来宾在喧天的锣鼓声中鱼贯进入庭院。望着这一切，我感到心醉神迷。

北京的城门外或许已开始厮杀，而这里却是另一个世界。这个世家望族的孝子们似乎并不担心局势，只顾忙着给自己的母亲祝寿。在中国，没有什么事情比孝敬老太太更重要的了。但见成群结队身披盛装的中国人在各个院落间穿梭，从这个房间窜到另一个房间，有说有笑，相互嬉戏。大厅堂内，摆下了无数酒席，男人们大吃大喝，青楼女在一旁唱堂会，唱腔高亢，穿透了屋顶。

杨夫人解释道，这些唱戏的姑娘平时都住在窑子里，学习侍奉男人的功夫，包括唱戏。为了多赚点钱，她们也上门唱堂会，每到一家，就唱三两出戏，然后就像一群花蝴蝶似的，赶赴下一家接着唱。她们都带着整套班子，包括琴师、杂役和娘姨等。

这边厢在大吃大喝，那边厢，好几个房间被临时辟为舞厅，供来宾们跳舞。我们光顾了几个舞场，见跳的人不少，伴奏的则是美式爵士乐队。听到这西洋乐队奏出的切分音在这个古老的中式大宅院里回荡，我觉得实在是非常怪异和不协调。

那些穿着绸缎华服、举止优雅的中国女孩都是北京政府高层的眷属。她们犹如一束束香豌豆花，在临时布置的舞厅里，与一群身材消瘦、穿着欧式燕尾服的男士翩翩起舞。跳舞人群中混杂着许多衣着时髦的外国人，其中不少是各国驻华外交官，代表各自的公使馆来参加活动。在北京的外交圈，中国人与欧洲人常常有机会相互交际，我也很高兴在这里见到这些迷人的女孩。在相邻的房间里，年长些的中国男人则作传统打扮，穿着绸缎的长衫马褂，边看跳舞边抽着水烟；与之相邻的客厅里，上一辈妇女们正在窃窃私语，她们似乎在说："瞧这帮年轻人，再这么下去，还不得数典忘祖吗？"

在另一进庭院里，锣铙铿铿锵锵响个不停，仿佛十几个齿轮同时在转动。闹声中，玩杂耍的和变戏法的都上台了。那变戏法的是当时最有本事的魔术师之一螳螂。他嘴里哼着调子，手里变着花样，铜钹发出"锵"的一声，他应声翻了一个跟斗，变出了一只盛满水、装有金鱼的大碗。

接着"锵!""砰!"两声，他又凌空翻了一个跟斗，变出了一盏陶瓷灯座，中间插着蜡烛，已经在燃烧了。杂耍表演的后头，则是一台京戏在演，登台的是本地一个京戏班子。真是要多热闹就有多热闹。

正目不暇接之际，主人找到了我们，说要带我们去拜见他母亲。今晚的活动是为老太太祝寿，但老太太本人却并没有在精心准备的活动中露脸，似乎很奇怪。她秉承了中国传统，谦逊而低调，派人向来宾们传话说，她何德何能，实在不值得如此厚爱。不便出面亲谢，千祈大家谅解。本以为无缘见她了，没想主人周到，要亲自带我去见她。

我们跟着主人，曲里拐弯地走了好一阵，终于来到了老人家居住的院落。这里没有欢声笑语，没有现代音乐的回响，没有锣镲齐鸣，更没有中西友人的热烈交谈。当我踏入她阔大静谧的房间时，仿佛走进了一本描写旧中国的故事书里。一个面容高贵、身形纤弱的妇人正在祖先的牌位前磕头。暗香缭绕，一直飘到绘着花朵图案的梁顶。红色的祭祀蜡烛微光闪烁，行将燃尽。今天是这个年迈妇人的寿辰，而她却忙于祭拜自己的祖先。她身着一袭黑色的缎袄，显得削瘦挺拔。见我们来了，起身向我们躬身致意，指着雕花红木椅请我们入座。两个丫鬟轻声巧笑着，在一旁的小桌子上摆上了热茶和瓜果点心。我们连声恭祝她寿比南山，和她慢慢攀谈起来。

老太太看似体态瘦弱，却很有福气，一共生了八个儿子。现在已经子孙满堂，孙子、孙女甚至曾孙、曾孙女无数。她虽然高寿，却有无上的威仪，晚辈们对她服服帖帖，不敢有半丝拂逆。她目光远大，早年便同意几个儿子去国外求学，其中两个儿子毕业于哈佛大学。她又很有智慧，要求儿子们学贯中西，在掌握西学的同时，精通中国的经史子集。现在，儿子们已是北京新派青年一代中的领袖人物，她自然是倍感欣慰。她说，孩子们没有因为热衷新事物而数典忘祖，将来她去见老祖宗时，也可以问心无愧了。

这世上似乎没什么能逃过老人家犀利的眼睛。我们只聊了一小会儿，她便看出我有心事，便轻声问："这位贵客好像有什么烦心事，不知愿不愿意说出来给老朽听听？"

我一听，不禁大感惊奇。她真是洞悉一切，看得出我内心的焦虑。借着闪烁的烛光，我一吐为快，将我的东家美国国际新闻社的来龙去脉、我此次赴京的任务，以及欲拜会徐世昌总统却碰壁的情况，原原本本向老人家倾诉了一遍。

她对我说的一切大感兴趣，也对我产生了同情，当场吩咐一个丫鬟去把大儿子叫来了。转瞬间，她已经换了一个人，披上铠甲，从一个彬彬有礼的女主人，摇身变为一个权势滔天、威风凛凛的女皇。我能想象，不管前面有什么艰难险阻，她都能应付裕如。因为不管是阴谋诡计还是暗箱运作，对她来说，都早已司空见惯，小菜一碟。

少顷，大儿子匆匆赶来了。老人家安慰我说："不必担心，些许小事，犬子应当会替你设法化解的。"

她这么说，自然是有把握的。他长子听了高堂吩咐，哪敢怠慢，马上告诉我，徐总统的美国顾问福开森博士（John C. Ferguson）结束了华盛顿大会，这天刚回到北京。他建议我去见他，并答应写信替我引荐。

第二天一早，我就将他的推荐信给福开森博士送去了。我想，面对北京这团政治乱麻，能帮我梳理的人，估计只有此君了。未几，福开森的回信来了，同意见我。我见信大喜，急急跳上早就等在一旁的人力车。车夫撒腿就跑，在蜿蜒的胡同里飞快穿行，很快到了福开森的官邸。

在清末民初的政坛里，福开森是很吃得开的。自 1891 年起，他就先后为光绪帝、慈禧太后、宣统皇帝以及共和国历任总统担任咨询顾问。除了官方身份外，福开森博士还对中国的教育、艺术以及新闻事业作出了杰出的贡献。

上海的《新闻报》便是他创立的。我的中文老师王先生每天早上带给我的，就是这份报纸。1900 年，福开森博士在前南洋公学的职工汪汉溪先生的帮助下，开始发行《新闻报》。他对这份报纸可谓事必躬亲，多年来坚持一字不漏地通读里头的所有文章。他的办报方针英明，报纸自发行首日起，就取得了巨大的成功，并逐渐成为了当时中国最有影响力的两份中文报纸之一。

我到达时，福开森已经在院子里等我了。院子里苹果和百合正在盛开，满院飘香。他身形颀长，外表威严，但举止文雅且风度迷人。他开门见山，直接将话题引到会见徐世昌总统一事。他建议，我应该再写一封信给王凯文，然后先去奉天试试见张作霖大帅。与此同时，他在北京替我运作一下。他态度很祥和，似乎这都是些平常事。我的顾虑顿时就消除了。

不久，福开森夫人也加入了我们的谈话。她的外表非常精致，头发微卷，垂落在线条柔和的脸庞边。当年，她是作为年轻的新娘嫁到中国的，乘坐的是早期的一艘蒸汽轮"北京号"。那时她笑脸常开，头戴褶边软帽，身穿窸窣作响的丝绸长裙，细腰盈盈可握，自然有一丝沾沾自喜。一晃眼，五十年已经过去了，她在中国结婚生子，建立了自己的家庭，膝下有九个孩子，迎来了孙辈，并已经有了四个曾孙。她勇敢地应对过各种危机，包括瘟疫、革命、排外游行以及日本入侵等。她绝不像一个流放者那样，哭诉异乡生活的艰难，而是作为一个友好的移居者，伸出双手，热情融入这个她丈夫选择的第二故乡。

那天，福开森给我看了 1922 年 2 月 6 日在华盛顿大会上签署的《九国公约》的副本。在他官邸宁静的院子里，听他逐字逐句念着条约的内容，我深感这个初创的共和国终于获得了一个很好的保护罩。现在回过头看，我那时是多么的幼稚，中国人民当年又是多么的幼稚啊。

采访张作霖父子

既然与徐世昌总统会面一事还没准信，我便听从了福开森的建议，当晚就出发去奉天，希望见到势力最大的军阀张作霖大帅。但愿此行鸿运当头，大帅会向我敞开他那宏伟的大帅府大门。

但开局并不顺利。张作霖的美国顾问贝克尔在我下榻的奉天酒店留了一张便条。他说，非常抱歉，采访大帅的事情看来无法安排了。这并非针对我一人，许多重要的人物，例如俄国王子、一些著名作家以及外国政府的使节都吃了闭门羹。张大帅正在全力以赴，为即将到来的战争做周密的准备。没办法，我只好转而找其他方面替我疏通，包括美国驻奉天领事、中方的外交事务科长、三位重要的美国商人等。他们都是在奉天举足轻重的人物，但回音都是一样的：爱莫能助。

我无计可施了。因为不经严密安排，根本不可能见到张作霖这位"中国势力最大的人物"。他平时藏身在老师府高墙后面，戒备森严，是中国最难一见的人物。他一生中遭遇过无数的暗杀企图，有鉴于此，即便在和平时期，也甚少见客。他出行时更是大阵仗，途经的街道必须提前十五分钟清场，然后他坐在一辆经特殊改造、双侧架着机关枪的防弹装甲车里，两边的踏脚板上站着卫士，以每小时六十英里的速度疾驰而过。

好在贝克尔预先作了安排，让我得以和少帅张学良会面，也算不虚此行。那天下午一点，美国驻奉天领事泰勒来接我，然后我们坐上他的汽车，到贝克尔的住处与张作霖的儿子、少帅张学良共进午餐。

刚走进贝克尔官邸的宽敞大厅时，电话铃响了。男仆跑过来告诉贝克尔，少帅正忙于调兵遣将，无法赶赴午宴了。看来我是时运不济啊，之前是采访张作霖大帅受挫，现在看来连儿子也采访不到了。而拜会中华民国总统徐世昌的事情，到现在也没个眉目。这些都是我非见不可的人，可是有什么法子才能如愿以偿呢？

没办法，我们只好自己吃了。快吃完时，奇迹出现了。一个笑嘻嘻满脸孩子气的年轻人走进了餐厅。他一身军服，身后跟一个较年长、着织锦长衫的男子——外交事务科长高先生。贝克尔早已习惯应对这种情况，马上吩咐添加餐具。随后，宾主一起入座，大家笑着说，这样随便些也不错。原来，刚才是男仆太激动，听错了衙门的意思，以为少帅不来了。

我与少帅对面而坐，开始理解为什么奉天的外国人都喜欢他了。他爱纵情大笑，态度又友好。看着他的样子，我内心深处不禁又对采访张作霖一事燃起希望。这是来到奉天后第一次产生这念头。张学良的观点非常新，对中国未来充满雄心壮志。在当地的基督教青年会学校和奉天俱乐部里，他是非常受人欢迎的桥牌搭档，广交朋友。因此，我暗忖，求他替我牵线搭桥，应该不会太过分。午餐后，我们一起到贝克尔的玫瑰园里拍照，我趁机对张学良说："少帅，好不容易来一次奉天，却见不到你那大名鼎鼎的父亲大人，实在是太遗憾了。"

"哦，你是想和我的父亲谈谈吗？"他饶有兴趣地问。

"是啊，我代表一个重要的美国新闻机构不远千里来这里，就是希望能够有机会见到他。"我向他解释道，"可高先生却告诉我说，这根本没戏。"

"老高是个老古董了，别听他的。"张学良笑道，"那你稍等一下，我给家父打个电话，先探探他老人家的口风吧。"

张作霖像

1922 年，为争夺中国控制权，他与吴佩孚在北京周边爆发的一场大战，史上
称为第一次直奉大战。本书作者于战前赴奉天采访了他，并亲历了这场战争。

宝爱莲见到的张作霖父子就是这身打扮的

他去打电话后，一会儿就回来了。在他离开的这段时间，我紧张得一直憋着一口气，这时才慢慢呼出来。

他说："和父亲说好了，他明天下午两点见你。"

我简直不敢相信自己的耳朵！大帅这位时髦公子不费吹灰之力，就省去我多少麻烦！我再也不必为见到奉天督军而费尽心思去钻空子、拉关系、走门路了。

次日下午一点半，贝克尔和高先生来接上我，一起驾车来到张作霖富丽堂皇的老帅府。我们走过影壁，进到最外一进的庭院。帅府的巨幅大门亮晶晶宝光如镜，两边的兵士列队立正敬礼。庭院里阳光普照、宽敞明亮。在门卫和家人居住的屋子边，桃树的枝头结满了花朵。一个满脸皱纹、体态佝偻的年迈老人正独坐在一张雕花石凳上，一边晒着太阳，一边心满意足地抽着水烟。进到第二进的庭院后，可以瞥见衙门的屋顶，上面覆盖着金色琉璃瓦，飞檐翘角，雕花刻兽，煞是壮观。又经过另一队护兵后，便有仆人在前面等待，领我们穿过大堂，进到一个异常宏阔、精美绝伦的会客室。

我飞眼一转，见会客厅里尽是张作霖收藏的珍宝：盛满了百合的景泰蓝花盆、价值连城的山水画轴、唐三彩人物像、红木雕花家具、丝质的地毯、乾隆官窑瓷器、羊脂白玉雕刻的花瓶、嵌满宝石的巨大屏风以及世界各地的博物馆和收藏家们都在寻觅的旧青铜器。据称，张作霖的瓷器收藏是举世闻名的。

张作霖选在自己家中的客厅里见我，而不是在他的督军衙门，自然是看在他公子的面上。我心中更感激少帅了。

正想着，张大帅走了进来。

眼前这位男人身材瘦小，有着一双炯炯有神的褐色眼睛，笑容慈祥，举止温和。难道这就是那位名声震天的军阀，传说中的奉天之虎？

他穿缎子长衫，外套黑丝绒马褂，头戴黑色绸子瓜皮帽，这顶帽子非同一般，因为帽子前镶有一颗闪着奇妙光泽的珍珠，这是世界上最大最昂贵的珍珠之一。他的外表更像一位富有教养的学者，声线极其柔和，和我握手时，散发出一种迷人的羞怯。他引我们围坐在一张镶嵌着珍珠母的雕花桌子旁。就在这种古老华夏的辉煌与文化的笼罩下，我开始了对张作霖的采访，高先生在一旁翻译。

"中国已病人膏肓了，"张作霖说道，"就像一个重症病人，他需要动手术。手术过程中会很痛苦，但我希望结果可以证明这是正确的。"看得出来，张作霖将自己想象为一个外科医生。他说话的时候，我留意他那敏锐而警觉的眼神、清秀的脸庞、黑色的八字胡以及瘦削而细长、一刻不停地在敲击的手指。我很好奇他惊人的力量来自哪里。

如果平时与张作霖接触，你可能误以为他是个毕生不出书斋，埋头研读《论语》的老学究。而事实上，他的敌人们都称他为"土匪"。部分原因在于，在清代，他和家人曾因政治分歧而被满族统治者逼上梁山。张作霖乳臭未干时，就已是当地一伙强人的头领了，并因此名闻遐迩。那时候的他已经初露锋芒了。之后的日俄战争中，他和部下因为替日军效力而名声大噪。战争结束后，张作霖开始跻身中国政界，从此更加声名鹊起。

在采访中，张作霖赞许了孙中山的爱国精神，我很惊讶他们之间会有这种默契。他们都异口同声要铲除那些"阻碍国家统一、重建以及和平的障碍物"。这自然是指吴佩孚了。

"我并没有当总统的野心。"张作霖声称，"我只是为了中国的利益而做事。"

听他这么说，我似乎可以听到《大陆报》记者同事们的嘲笑了。是啊，张作霖究竟想对中国做些什么，确实值得拭目以待。

正说着，张作霖的一个如夫人出现在了门口，身旁跟个奶妈，怀里抱着小男孩。小男孩穿着印有小花的红色绸缎衣裤，头绑刺绣带子，前额中央镶一尊小金佛。张作霖对漂亮小夫人视而不见。在保守的旧中国，中国妇女是不应该出现在正式场合的。她此时跑到会客厅来，可能是按

练兵时的张学良

本文作者见到他时，他正协助父亲张作霖备战，准备与吴佩孚开打。

张学良青年时

本书作者在奉天与他相识时，他刚满二十一岁。

捺不住好奇。估计大帅很少在家里会见西方妇女。

与中国所有的大户人家一样，张作霖的夫人们都分住在老帅府里的不同区域。他除了正妻外，还有二姨太和五姨太与他同住。三姨太和四姨太已不在人世了。据说，这些女人都是满洲最漂亮的姑娘。她们一直隐居在大帅府的高墙内，奉天的外国妇女们自然就无缘见到她们的真面目了。

一席长谈后，主人端起精致茶杯，示意我喝茶。依照中国的礼仪，这表示采访到此结束了。宾主相互鞠躬后，张作霖送我们到庭院。作为特别的礼遇，他微笑地允许我替他拍些照片。他目光矍铄，必定非常愉快。高先生在一旁大声告诉我，大帅是第一次接受一个外国女人的采访，更不用说让她拍照了。

一回到酒店，我立即投入工作，撰写了一份电讯稿和一份通信稿，马上发往纽约。

但还有未尽的故事在等待我。正当我准备离开酒店去乘火车回北京时，贝克尔太太来拜访了。她取出一条白狐皮草送到我面前。我从未见过这么优质的皮货。原来，这是"中国最有权势的人"张作霖大帅私人送给我的礼物。

终于采访到徐世昌总统

完成了一个艰巨的任务后，我信心满满地回到了北京。张作霖大帅已经顺利采访到了，因此，能否见到这蹒跚学步共和国的总统，便不那么担心了。但还是立刻将拜会徐世昌总统的事作为工作重点来处理。

不出我的所料，总统府礼宾官王凯文果然又给我来信了，由酒店职员送到我房间的桌子上。不必打开，就已经料到信中会写什么了。展开信纸，见上面写道：

总统府，礼宾部

1922 年 4 月 18 日，北京

纽约国际新闻社代表宝爱莲小姐亲启：

昨日来函收悉★（★原作者注——王凯文很奇怪，无论你给他的信是何时写的，他的回信永远是"昨日来函"）。谨告，在下已将您的申请再次转交总统阁下过目。幸总统阁下亲允于二十一日（星期五）下午三点十五分在摛藻堂接受您的采访。唯总统阁下国事冗繁，会见克难持久，乞谅。

敬请提前从福耀家的福耀门★进入等候。（★译者注：遍查各种资料，故宫及御花园似乎并无读音近似"福耀"的门。若前往摛藻堂，最顺的路线应该是从神武门进，穿过御花园延和门。存疑。）

王凯文敬上。

凡精通中式礼仪规则的人，自然能看出王凯文态度的变化。他的第一封信对我的请求漠然置之，第二封信却变得毕恭毕敬。这种态度转变是有其原因的。我与张作霖会面一事，北京各报都作了广泛深入的报道，甚至连一些杂志也对此广为评论，至今，我手头还保留了《密勒氏评论报》的总编兼出版人鲍威尔（J. B. Powell）发表的杂志文章的剪报。他写道："宝爱莲小姐是很独特的，因为她有幸成为第一个采访到奉天军阀张作霖或国民英雄吴佩孚的外国女性记者。"

几天后，我按照信中的指示，来到紫禁城的福耀门。进故宫后，里头车道迂回，廊殿蜿蜒，沿路整齐地排列着北京政府的兵士。到了摛藻堂后，我先被带到与会客厅相邻的华丽房间，里头有七位政府官员在迎接我，都身着欧式大礼服，态度谦恭，礼数周到，令人印象深刻。

未几，就见《星期六晚邮报》的代表马可森（Isaac Marcosson）也昂首走了进来。他也是来采访总统阁下的，约的时间是三点钟，而我则被安排在三点一刻。他是采访权贵人物的行家里手，屡屡与世界各国的总统、国王、皇帝打交道。而我则是头一回采访一个国家的总统。面对国事活动的繁文缛节，我禁不住地变得十分紧张。但是穿着正装的马可森显得气定神闲，似乎丝毫不把这当回事情。

马可森的采访不一会便结束了。接着，我便被领进那间屋顶高耸，摆满逊清皇室用具的会客厅。那七个官员陪我一起进去，其中一位把我介绍给总统阁下。徐总统也是盛装出席，不过完全是中式的：最外面套一件黑色缎面织锦马褂，里面是深蓝色的丝质厚长衫。他相貌堂堂，满头银发，脸上并无皱纹，饱满有力，眼里含着笑意。他是一位深谙国际事

徐世昌像

徐世昌（1855—1939），字卜五，号菊人，直隶天津人。1918 年 10 月被选为民国大总统，1922 年 6 月通电辞职。本书作者应是徐辞职前不久采访。

故宫御花园堆秀山东侧摛藻堂

徐世昌在此接受宝爱莲的采访

故宫摛藻堂匾

务的现代政治家，却仍保留着清王朝官员的儒雅和威仪。这种东方式的谦和温良，即便身处如影随形的死亡或监禁威胁（由于中国当时政局复杂），还是依旧故我。这便是徐世昌给我的印象。

他伸手给我时有些迟疑，可能是平时很少与妇道人家握手。握完手，做了个优雅的手势示意我坐下。徐世昌总统的座椅是一张描金漆的大龙椅，上面铺贡缎套子的薄垫子。我和那些官员们则坐在雕花的直背靠椅上，排列在龙椅周围，两侧摆有小茶几。

我一下怯场了，呆坐着，不知该从何说起。那些陪伴的官员们也都面无表情。气氛一时变得很拘谨。我努力镇定下来，整理好思绪，终于向总统发问了。那七个官员中有一个是正式翻译。

听了我的问题，徐总统回答说："我已经竭尽所能，来阻止中国爆发内战了。这几年，中华民国被分割为好几个阵营。在世人看来，这个国家已经因为内部纷争而四分五裂了。因此，对我们来说，国家统一是首要目标。现在，战争威胁四起，如果能在这种情况下达到团结一致的目标，则即使付出再大的代价，也是值得的。"虽然谈论的是沉重的话题，但徐总统语调平稳，好比在拉家常。我也大大放松了。

会面结束时，我和陪同的官员们一同起身，在总统面前围成一个半圆，一起向他鞠了深深的一躬。会客厅很宽大，我们退到半途，再次一起向他鞠躬，快出门时，第三次鞠躬。每次鞠躬，总统阁下都回礼如仪。整个过程中，没有人发出任何声音，屋子里鸦雀无声。一切都极其正式，做得一丝不苟。

我与总统的会面就这样结束了。

在我的采访列表中，张作霖大帅和徐世昌总统阁下都可以勾除了。我心里盘算，下周应该前往洛阳，尝试采访吴佩孚将军。

千辛万苦往洛阳

那天傍晚，我正准备出门与朋友共进晚餐，柯罗思（Upton Close）慌慌张张冲进了酒店大堂找我。他是北京本地的新闻记者，同时兼任上海《大陆报》驻京通信员。见了我，他气急败坏地说："快，你得赶紧走了，往洛阳的最后一班火车今晚午夜发车。吴佩孚将军打算征用所有的火车，所以你一定得赶上这趟车。"

他似乎急疯了，身上那件卡其布西装显然是匆匆套上的，红头发向上根根竖起，长条脸上的雀斑因为兴奋而更加明显了。"成千上万的难民正准备挤上这趟车呢，所以你必须在一小时内赶到火车站，我在那儿和你会合。"说着，他递给我一个包裹，略显尴尬地笑着说，"我太太说，你得穿上这个。你要准备好了，一路上会非常辛苦的。"说完他便离开了。

我打开包裹查看，见里头有一条卡其布马裤，一顶旧的苏格兰圆帽，还有一副厚手套。见他们如此费心准备，我颇为惊讶。下午和柯罗思夫妇喝茶时，他们就表示出对我衣着的担忧，认为我那身行头固然很适合北京的社交圈，但如果去洛阳的话，旅途上肯定要换其他衣服。对他们的担心，我当时并不领情。现在出于无奈，只得略带厌恶地穿上马裤。

裤子太大了，穿上后显得很滑稽，但酒店的老妈子用针线和别针帮我把腰围和裤腿改小了些。时间太紧，没工夫操心外表了，好在我的上衣很宽松，把别针盖住了。然后又把跳舞的高跟鞋换成步行鞋，穿上驼毛大衣，戴上帽子，就这么匆匆出发了。几个侍应生替我拿着包、帽盒、便携式打字机和照相机，一路跟着去车站。

我乘坐的出租车刚好在火车出发前赶到前门车站。柯罗思已等在站台上，见了我的大堆行李后，那副震惊的表情我是永远不会忘记的。但他顾不得多说，提起我的行李，带着我急匆匆穿过人群，一起挤上了火车。火车启动了，发出呻吟，似乎被承载的重量压垮了。我一看表，见正好是晚上十点，比原定的出发时间提早了两个小时。

前想万想，我们终于出发前往洛阳，去采访吴佩孚将军了！

我的打算，是在采访完吴佩孚后经由汉口回到上海。说实话，我并不想卷入中国的内战。中国北方的局势最近严重恶化，待久了就怕难以脱身。当初京沪两地的友人及约翰警告我不要北行，我觉得是杞人忧天。现在回过头去想，他们的话倒并非是危言耸听的。

我和柯罗思勉强挤进一节被大兵和难民占据的车厢。整个晚上，车厢内都喧闹不已。火车开开停停，停停开开。在出北京以南几英里远的六里火车站，一些曹锟部队的士兵们熙熙攘攘地挤上了火车（曹锟大帅是吴佩孚的顶头上司）。其中一些涌进了我们的车厢，坐在了车厢地板上。他们都是负责监督民夫挖战壕的。

曹锟的士兵们个个头发凌乱，肮脏不堪。他们似乎对自己的枪浑不在意，总是拿出来随意摆弄，还时不时地把枪口到处乱指。我被他们弄得心惊肉跳。车厢异常拥挤，空气不流通，变得浑浊恶臭。每隔几分钟，车厢门就会被吱吱呀呀推开，三三两两的士兵探头探脑，然后又"砰"的一声把门关上了。每隔半小时左右，又会有列车服务员挤进车厢，兜售热茶、瓜子、茶叶蛋和糕点。那些士兵们吃东西狼吞虎咽，喝起茶大口大口，发出巨大噪音。吃饱喝足后，又此起彼伏打起了饱嗝。然后便心满意足地用力清喉咙，吐出大口的浓痰。一个尖嘴猴腮的家伙脱下棉衣，在衣缝里挑出好多虱子，用力捏爆它们。另几个士兵见了，也有样学样，加入了这令人恶心的竞赛。未几，又开始猜拳，发出一阵阵的大笑。热闹够了后，一些人抽起了气味难闻的香烟，另一些断断续续地打盹，嘴巴张得老大。一个坐在我脚边的大个子睡着睡着，慢慢朝我歪过来。我推了他一把，他半醒不醒地一笑，坐直了。随着火车缓慢震动，又慢慢朝我倒了下来，最终靠着我的脚舒服地睡着了。我直直地坐着，紧绷着神经，不知接下来的几个小时里还会发生些什么。

天终于亮了，火车在保定府作了短暂停留。保定府是以曹锟和吴佩孚为首的直系军阀的大本营。一些士兵在这里下车离开，另外一些又涌了上来。跟着挤上来的还有更多的难民，随身带着包袱、茶壶和成串的大蒜。接着，火车又开动了，我们也开始了下一阶段的折磨。到了第二晚，北京饭店也好，甚至是上海也好，都变得依稀而遥远了，只有这辆火车才是实实在在的现实。

这时，我浑身上下都沾满了旅程的污垢。因为烟尘、煤渣甚至黄土一刻不停地从简陋车厢变形开裂的木挡板吹了进来。不可思议的是，这种情况下，坐在我身旁的一位中国妇女却依然干净整洁，保持着尊严，态度高贵从容。对她而言，虽然火车之旅令人非常不快，但既然无可避免，就只能随遇而安了。因此，她便依照中国人的处世之道，从容面对，以不变应万变。这便是中国人惯常采用的达观之道。于是她平静地喝着茶，那高贵从容的架势，仿佛置身在自家芳香弥漫的深闺里。当我明白这位亲切可人的中年女人是如何克服旅程的艰辛时，也试着效法她的样子。不过，我已经周身疼痛，很难像她那样端坐。我的眼睛被车头的煤烟熏得刺痛，又因为睡眠不足而通红。脸上、衣服上蒙着厚厚一层灰。最后，我决定给自己做个脸部清洁，暂时摆脱这糟心的一切。于是便取出一罐冷霜，准备洁肤。周围的士兵大感兴趣，聚精会神地盯着看。面霜果然有用，把我脸上一层黄褐色污垢擦掉了。一个大胆的士兵看了，伸手指进我的罐里一挖，把面霜抹到自己胡子拉碴的脸上，拼命涂抹起来，引得周围哄堂大笑。

我们的车厢里只有一间"盥洗室"，空间挤迫，气味熏人欲呕。所有的丘八、苦力、妇女和难民都在里头方便。盥洗室的门上印着巨大的拉丁字母"W.C"及相应的中文标识。要去到那里殊属不易，必须磕磕绊绊穿过座位、士兵的行李、痰盂、鸟笼以及拥挤着坐在走廊上的许许多多的中国人。所以，那里也不适合描眉画眼，整顿妆容。

于是便明白自己是无法做到达观的。

这种恶劣环境下，真觉得长夜漫漫，永无尽头。

旅程的最后一晚，车厢里大部分中国旅客都在一个小站下了车。柯罗思没和我在同一个车厢，他很久前就跑到车头和火车司机待在一起，那里舒畅多了。见车厢空了，身边那位面色和蔼的中国女人从行李里取出一包细心包扎的东西，打开一看，原来是一个粉色的缎面枕头，上面精心绣着紫色、红色和蓝色的鸟雀图案。她把枕头递给我，建议我在位子上伸展手脚，合一下眼。我已精疲力竭，连假意推脱的力气都没了，接过枕头，倒头便睡，立刻人事不知。醒来时，洛阳已快到了。我见窗户的一角贴了一张中文报纸，显然是我的邻座贴的，要替我挡住刺眼的阳光。列车服务员这时也来了，送来了洒了香水的热毛巾，又替我们斟上热气腾腾的茶，喝了提神醒脑。经过这么一番休息整顿，下车时，我又重新变得精神饱满，急不可耐地想立刻前往吴佩孚的总司令部，开始采访。

开战前夕见到吴佩孚

出火车站后，春阳普照，为中国古都洛阳添上一抹亮色，使四处的残垣断壁没那么触目。柯罗思招来了一辆有蓝布顶盖的骡车，我们爬上车，把行李和打字机也一股脑儿塞了进去。车上没有座位，我们只好盘腿坐在铺着草席的车板上。骡车沿着布满车辙、狭窄肮脏的街道颠簸前行，起先倒也安然无恙，正以为不会有事，突然间，轮子就撞到了马路上的一个很深的凹洞。我猝不及防，一头撞到了车的前框。但即使严加防范也无济于事，因为车上没有供人支撑的地方，所以也就无法找回平衡，也没办法重拾尊严。道路年久失修，被车轮压得到处是裂缝。那骡子很坏，拉着车，专往那些裂缝上走。

街上的人群看到外国人在骡车上被颠得七倒八歪，开心得哈哈大笑起来。（由于洛阳很少游客，西洋来的陌生人是十分新奇的景象。）孩子们穿着蓝色的棉袄棉裤，兴高采烈地跟在骡车后面奔跑，一如美国小孩追逐着马戏团的大篷车。街市原本一切如常，代写家书的老头坐在街边等生意，一群苦力正从古井里打水，满脸皱纹的老头吆喝着兜售糕点，胖女人坐在土地庙的院子里边唠叨边缝补衣物。我们这两个外国人一经过，把这一切都打断了，他们纷纷停下手头的活计，看我们的稀奇。

洛阳这城市目前还没受到西方现代企业的沾染。它民风淳朴友好，居民们忙于简单的活计，可谓古风犹存。但它也曾辉煌过。在大约四千年前的汉朝（原文如此），以及公元六世纪的魏朝时，洛阳都是都城。那时，这里是宫阙连片，楼阁干云，百姓目睹的是玉辇纵横、金鞭络绎的朝廷生活。李太白和杜甫这两位中国最著名的诗人都曾赋诗怀古，追忆洛阳昔日的盛况。杜甫写道：

洛阳昔陷没，胡马犯潼关，天子初愁思，都人惨别颜。

如今，沧海桑田，帝王已无踪，皇宫亦已倾圮。汉魏旧事如流水，那些曾经香车宝马、钟鸣鼎食之家的后人代代相续，早已繁华尽褪，成了质朴的乡下人，继续着他们的简单生活。

我们穿过城门，上了一条精心修建的宽阔军用公路。这条路一直通往吴佩孚的兵营。绿油油的粮田从城墙一直向远处延伸，无边无际。走着走着，经过一片翠绿的竹林，后面半露出几排茅草为顶的破败土房，居然从里头传来了嘈嘈切切的琵琶曲声。我心头一动，不禁又想起了李太白和他的诗：

谁家玉笛暗飞声，散入春风满洛城。

又一路继续颠簸后，忽听柯罗思兴奋地喊道："好了，已经到了。"

真的，终于到吴督军的领地了。过去，他只是传闻中的军阀，如今却成了活生生的现实了。想起这一路的艰辛，我不禁感慨万千。

我们在一座大营房前停了下来。车子向前一冲，我又被摔到了另一边。这一下撞得够狠的，一时天旋地转，站立不起。原本打算款款下车的，这下只能被扶下来了。扶我的是一位直军军官，玉山朗朗，琪树亭亭。他是专门来迎接我们的，在我见过的中国军官里，他是最有风度的。

吴佩孚就住在军营里，他的起居室十分简朴，完全比不上张大帅家宽敞的会客室，更比不上北京衙门里华丽无比的会议厅。但这倒契合吴将军的个性。起居室沿墙排列着红木书柜，里头摆满了书。窗边的墙上挂了一幅乔治·华盛顿的油画，我看了颇为惊奇。供桌上则摆着一尊巨大的紫檀关公像，跨着赤兔马，挥舞青龙刀。雕像下垫着砖红色的绸缎桌布，前面摆一座景泰蓝香炉，飘出袅袅的青烟。

吴将军满面笑容地走了进来，那笑容传递出欢迎的意思。他的瞳仁是琥珀色的，精光四射，毫不掩饰对我的好奇，不像很多东方人那样，要刻意隐藏。一见之下，我立刻悟到吴将军能成为中国民族英雄的原因了，也理解为什么大家都"佩服"他，因为他就是有这种品质。

吴佩孚被亲切地称作"玉帅"。他身形细长，却男子气十足。富有魅力，却无损身为军阀的真性情。我们抵达时，出面迎接的军官们都军服谨然，独独吴佩孚一袭暗湖色绸子长衫，外套一件锦缎马褂。他先和老朋友柯罗思打招呼，然后转过身来，感谢我这位"来自美国的女作家光临寒舍"。他说，我是他在家里接待的第一位女记者。

吴将军是个雷厉风行的人，没有过多的客套，也不搞什么欢迎仪式，马上切入正题。他让我们围坐在关公像前面的桌子旁，问我想了解哪些内容。

我拜访他的本意，是想了解他的军事计划。但是，一个中国军阀，身处古老中国的腹地，却在墙上悬挂着美国首任总统的肖像画，这让我不胜好奇，于是就先问了他这幅画的来历。

他听了后，起身走到画像前面道："我对这位美国英雄钦佩得五体投地，"这是一幅吉尔伯特·斯图尔特所画的华盛顿肖像的复制品。"华盛顿是一位正直的、有教养的绅士，一位刚正不阿的政治家，一位不为自己、只为美国人民的利益而战斗的英勇战士。"

没等我说话，吴将军突然面露羞色，问我平时爱不爱读诗歌。得到我的肯定回答后，他马上拿出自己写的诗给我看。这些诗用毛笔工工整整抄写在纸上，第一首就叫做"乔治·华盛顿"。接过诗稿，我只是约略猜到了诗歌的大意，直到回上海后，才请中文老师王先生帮着解释，将它

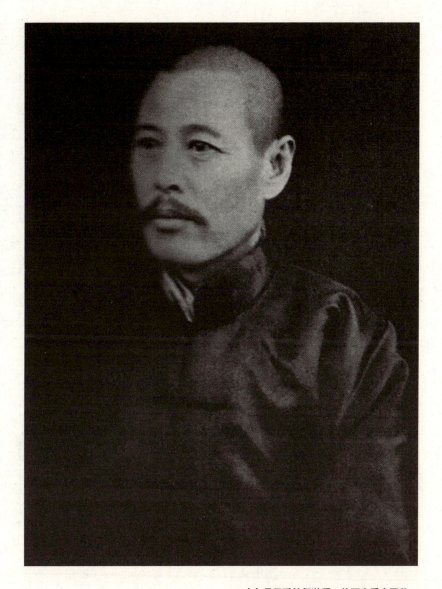

中年吴佩孚的便装照。他不太爱穿军装。

吴佩孚伏案图

他是秀才出身，爱作诗写字，军阀中以他的遗墨最多。本书作者采访他时，他四十九岁。

翻译成了英文。这才了解并由衷赞叹其中的深意。

他真诚地说："我的雄心是学习华盛顿。他为美国人民所作的贡献，我要能为中国人民做到几分，就心满意足了。华盛顿将北美各州统一成一个国家，我希望能统一中国各省，让我国也繁荣与富强起来。"说完这些，他顿时又目光如炬起来。刚才的那个诗人和梦想家转瞬就不见了，一下就变回了威风凛凛的巡阅使。柯罗思原本因为吴佩孚在军事采访中大谈诗歌而很不耐烦，一听他说到要统一中国，顿时来了精神，坐直了身子。

聊开后，吴佩孚终于把矛头指向了张作霖："要统一中国，就必须把中国大地上那个土匪先铲除掉，因为那家伙的贼心不死，从来没有受到改造。"听了这话，我不由得想起几天前张作霖在我面前谴责吴佩孚是"统一中国的障碍"。

这时，一个军官进屋来，朝吴佩孚敬了个礼，报告说，对奉军的战书已经准备就绪，请玉帅过目。

于是我们便随吴佩孚一起，坐车到几个街区外的营房参加军事会议。乘坐的是一辆简陋的福特汽车，但与那苦不堪言的骡车之旅相比，这几乎就是奢华的享受了。

走进司令部的狭长餐厅时，吴将军的副官和参谋们已经围坐在餐桌旁等候了。见我们一行到达，大家全体起立，等我们坐下了，才纷纷落座。餐桌上铺了一张巨大的中国北方地图，上面插满蓝色和红色的旗帜，看起来犹如一个不止十八个球洞的复杂的高尔夫球场。这些旗帜代表了吴佩孚和张作霖各自部队的驻扎地点。

除地图外，桌上还摆着好几份通电，第一封是发给"各国驻北京外交使团暨驻上海、汉口领事馆"的。吴佩孚拿起通电稿，慷慨激昂地念道："……佩孚等为正义人道计，不得不取正当之防卫，凡京师地方治安及外人生命财产，均负保护责任。战争一告结束，即行恢复交通。并恳诸友邦于战争期内，根据条约，按照公法，毋供给对方款饷以及一切有利对方之行为……"

另一封电报是发给中国民众的,解释了此次内战的原因,并保证战火不会旷日持久。第三封发给张作霖大帅,摛藻砌典,貌似恭敬,实则竭尽讽刺挖苦之能事。

议事既毕,吴将军突然引吭高歌起来,唱的是一首气势汹汹的军歌。在座的所有军官都跟着唱了起来。最后,那些陆陆续续涌进屋子的士兵,乃至一旁服侍的仆人们都加入了合唱。唱到后来,调子变得越来越快,声音越来越响,直至整个大厅都回荡起疯狂的战争嘶吼。

歌声甫落,吴将军便大声宣布:"大家听令了,我要立刻出发北上,给敌人一个措手不及。"听他这么说,我不禁想起在奉天时,就已经看到大批奉军携带弹药粮草,装满了一列列火车南下。若说张作霖会"措手不及",不免言过其实。当然,这话我并没有说出来。

吴佩孚又问柯罗思道:"你和这位年轻的记者小姐是否愿意和我一起出发?贱内这次随大军同行,和我一起去保定府的指挥部。"他转过身对着我说:"你是我们的贵客,要是能去保定和贱内同住的话,她肯定高兴得要命。"

我没有客气一下就欣然接受了。其实,依中国的传统礼节,我应当先假意推脱,等对方再三邀请,才勉强应承。并诚惶诚恐表示,初次相识,怎好到府上叨扰。听了我的话,他会说要能邀得小姐大驾光临,寒舍就蓬荜生辉了。但我意识到刻下正是大战将临的关键时刻,吴将军并非假客套。所以他一邀请,我当即接受了。能到一个如此著名的中国军阀家里做客,能亲身体验老派中国豪门里女眷的生活,这是多么千载难逢的机会啊。

随吴夫人张佩兰赴保定

于是我便随吴佩孚去了他家。吴夫人张佩兰已在等候，热情地迎接了我们的到来。她块头挺大，颇有气势，且生气勃勃，如同庭院里绽放的牡丹花。她有满族血统，带一点皇家的咄咄威势。她膀大腰圆，大约有五英尺三英寸高，这在中国妇女里头是很突出的，因此令人印象深刻。她有一头乌黑油亮的秀发，明眸皓齿，大嘴，双唇丰满，下巴透着坚毅，给人一种力量感。但我立刻察觉到，她身上还具有非常女性化的天分，对服饰有着灵敏的观察力。第一眼看到我，就把我浑身上下的每个细节都收进眼里，结果没一样是入她眼的。我的旧圆帽似乎尤其令她厌恶，立刻被她从头上摘了下来。她身边两位伺候茶水的丫鬟见了我的浅色头发，忍不住咯咯笑了起来。

吴夫人本身就像是一幅由紫色、黑色和金色构成的中国传统画。她穿黑色的绸袄，绸子长裙上绣着紫花，裙子里穿紫色丝袜，脚蹬绣金锦鞋。她的耳垂上悬着紫水晶耳坠和纯金耳环，搭配得异常完美。

在我见过的女人里，吴夫人是最具魄力的。她见我们到家了，立刻雷厉风行为出发做起了准备。中国古话说"牝鸡司晨"，但我很快发现，在吴家是女主人说了算。她听说由于张作霖威胁要将保定城夷为平地，那里的达官贵人都已将家小送往汉口，乡民们也如受惊的羊群般成群逃离，便决定和吴将军一同前往，告诉那些"懦夫"们，她对此无所畏惧。

见大战真的已经一触即发，我急着将消息发回纽约，便询问吴将军，有没有可能发一份电报。他马上替我作了安排。于是，直奉大战开战的消息是纽约先登出来的，比中国所有的口岸城市都早。

吴将军夫妇率大军离开洛阳出征那天，洛阳百姓倾城而出送行。说实在的，大家也想确认吴夫人随夫出征的惊人消息是否属实。这几天来，被孙子搀扶的步履蹒跚的盲人、在井边打水的大妈、挨家挨户叫卖豆腐的小贩都在散布这个消息。不过他们都是以爱嚼舌头出名的，市民们对他们嘴里出来的传闻总是将信将疑。

吴将军和副官、参谋们登上载满士兵的长长列车时，月台上的人群纷纷让出一条路来。我和吴夫人紧随其后。吴夫人仪态端庄地在月台上向送别人群俯身示意。上车后，她迅速适应了列车上的一切，并没有对不便之处口出怨言。反而是她的丫鬟和娘姨们在说个不停，从离开洛阳到抵达保定府，一路抱怨不休。

将抵保定府时，我开始认真思考随吴夫人前来的决定是否明智。我放弃了南下汉口，然后安全返沪的机会，却选择搭乘军用列车北上，直抵曹吴的直军大本营，进入大战的中心。未来几日，我将寄宿于吴府的大宅门里，却不知将有什么样的危险在等待我。但这时再退缩，为时晚矣。列车在保定车站刚停下，一封来自纽约国际新闻社的电报就送到了我手里。电报说，已经收到我从洛阳发去的电报，并要求由我来报道接下来的直奉大战。

于是我摇身一变，成了驻中国的战地记者。

保定府的官员及士绅代表已在月台上等待吴将军的到来。与此同时，准备逃往汉口的难民们则挤满了整个月台。他们看起来都疲惫不堪，许多人已经等了一整晚，希望能等到南下的火车。吴将军走下火车时，穿

吴佩孚夫人张佩兰像

本书作者宝爱莲与她共同生活多日，拍下了这张极其稀罕的照片。

着紫色制服、戴着金色肩章、帽上插羽毛的军乐队开始演奏起美国南方联盟的国歌《迪克西》。虽然有一些走调，但毫无疑问是迪克西。

正当我陶醉在古老的南方歌曲那熟悉的曲调时，潮水般的人群中突然传来一声令人恐惧的嘶吼。随着吼声，一个紫酱面皮的刺客龇牙咧嘴地朝吴将军扑了过来。说时迟那时快，早有一群卫兵飞身挡住，一阵拳脚后，便听到一声枪响。这个男人终于扑倒在吴将军跟前，一命呜呼了。

我被这一幕吓得手足无措，不知道还会有什么更可怕的事情在等待我。

吴夫人和我在卫兵簇拥下，匆匆挤过窃窃私语的惊惶人群，登上一辆封闭的马车。马车四周警卫森严，我们一上车，马匹便奋蹄奔跑起来，车身剧烈摇晃，挂在车上的铃铛一路大声叮当着，匆忙地穿街走巷。可惜我受惊太甚，脑海中一直是刚才目睹的可怕经历，一点都没看清保定的街景，连车子到了目的地还浑浑噩噩的。

进吴佩孚保定公馆大门时，门口岗哨林立。吴夫人在前引路，对一路上鞠躬的门卫、仆人或是在内院站岗的士兵都视而不见。吴家的男人们聚集在第二进的院子里等我们。见面时，大家行礼如仪，很是庄重。其中一位穿棕色绸子长衫，瘦削又不失贵气的少年是吴将军的堂弟。还有一位中年男士长得酷似吴将军，一介绍，原来也是吴将军的亲戚。不过后来才了解，尽管两人外表相差无几，个性却迥然不同。吴将军行事果断，雷厉风行，这个亲戚却是个梦想家，一想到打仗便会不寒而栗，成天只在书房里舞文弄墨，或在花园里养花弄鸟。还有一位是年事已高的伯伯，浑身散发着鸦片气味，双手不停地震颤，肤色惨白，双颊深陷。

大家见过后，我便随吴夫人沿着曲折的长廊继续前行，最后来到了一面高墙前，墙上开了一扇满月形的圆门，听介绍说有个名字叫"兰扉"。门后面，便是吴公馆女眷们居住的内宅了。

望着这扇门，一种激动人心的预感在心中涌起。我觉得兰扉后的生活必将是无比愉快的，甚至可能是我的中国生活画卷中最多彩的一笔。一想到此，我激动得几乎透不过气来。还记得那次在张作霖大帅家作短暂拜访时，面对那宫殿般的高墙，我就感受到里头的生活一定美妙得令人心颤。如今，我终于可以亲身体验这种大宅院里的生活了。

与吴夫人朝夕共处的这段日子，让我真正了解到中国妇女在相夫与治家方面的惊人才智。

吴公馆内宅的日子

站在花墙外，透过开启的兰扉看内宅，圆形门框勾勒出的风景犹如一幅绢画。庭院美不胜收，那效果与中国圆扇上的画面竟毫无二致。所有画里有的东西这里都有：假山的顶峰有一个带飞檐的茶室，莲花池里的金鱼在阳光下闪闪发光。假山是用蜂巢状的太湖石堆砌成的，每块石头都历经了几百年的水滴雕琢，才变得如此玲珑剔透。花盆里牡丹在盛放，花间的小径被五彩石子拼接出各种抽象的图案。这个花园实在是太迷人了。

三个小孩在通往茶室的小路跑上跑下，脸蛋圆乎乎的，头顶剃得光光的，只竖着一根细小的辫子，穿着淡紫色和粉色的绸外套，在山腰矮小的松树丛和杜鹃花丛里钻进钻出。两个年轻女子在一旁陪着孩子们，一个着湖色，另一个着黄水仙色衣衫。她们一眼瞥到我们，连忙踩着三寸金莲，袅袅婷婷地走过来。

着湖色衣服的是吴佩孚的堂弟媳妇冰心。见她略懂英文，我不禁大为高兴。尽管在上海那几个月我每天都向王老师学习中文，但至今为止仅仅懂点皮毛而已。另一个年轻女子叫浮云，她是吴将军伯伯的如夫人。

那位伯伯就是刚才见过的。她热情地向我们问好，长得粉生双颊，春起眉梢，那姣美的模样，一定让她丈夫心里头生出无尽的诗情画意。

我们几个马上一起去了一排厢房。那排厢房共有好几间，与吴夫人的上房紧挨着。后来的几天我就住这儿。我所体验到的生活极度新奇，也极具冒险性，所以，虽然只在兰扉后面的内宅度过了短短几天，那感觉竟比几个星期还长。

吴夫人派了四个丫鬟来服侍我。一见我，四个姑娘就朝我频频鞠躬，七嘴八舌抢着问好。替我打开行李箱放东西时，第一次见识了外国女人的奇装异服，不免大惊小怪了一番。望着她们，我有些不知所措，因为有仆人服侍固然可喜，但一下来了四个，又似乎太过了。但不管我怎么辞谢，四个丫鬟还是都留了下来。

我住的屋子敞亮干净，让人心生愉悦。屋子有高高的门通往静谧的庭院，门上嵌着一块块方玻璃，上面有花鸟图案。窗户是彩色贝壳镶拼的，外头装着坚实的铁栏。天花板上有许多粗大的横梁，都画着传统的盘龙图，红色、金色与海蓝色交织在一起，鲜艳夺目。屋子的一面靠墙放着张紫檀桌，桌子两边各摆一把直背椅子。对面靠墙放一张大床，罩着丝质帐子，床上铺着绣花缎子床罩。除此之外，仅有的家具是一张擦得铮亮的花梨木雕花梳妆台。

我对自己住的几间屋子和庭院很快熟悉了，但吴府实在太大，我一直都没弄清它的整体布局，根本摸不清门路。那里头房间连着房间，庭院套着庭院，还有数不清的古井，曲折的回廊、出其不意的门洞、无数的花园。每个家庭成员都有各自的居住区域，刚以为走到了尽头，突然又出现一个过道。这一切组成了一个巨大的迷宫，使我完全迷失在里头。我觉得这宅院之大，似乎从一个街区延伸到下一个街区，走在里头，根本搞不清方向。但对于熟悉中式建筑布局的人来说，这个宅子的布局是完美无缺的。

来保定路上的几天，我一直没脱下过衣服。进屋歇过后，大丫头就把我领到卧室隔壁的房间，一看，原来是个简陋的浴室。我不禁发出一声长叹，谢天谢地，终于可以洗澡了。但见浴室中间放着一个高高的圆形水缸，盛满了芳香的热水，一个脸上长青春痘的丫头正往里面加冷水搅拌调温。我迫不及待地宽衣入浴，在里头泡了很久。那种久违的舒坦真是语言无法形容。等终于享受完了出浴后，另一个丫头进来，给我做了一个通体舒坦的精油按摩。我想，难怪中国女人都那么美丽动人，原来她们是被这么伺候的。

出来一看，脱下的水手服和马裤都不见了踪影，心想，太好了，终于可以彻底摆脱一路的风尘了。原来，大丫头见我的衣服已经不成样子，就拿去替我熨烫了。冰心很热心，拿了一套中式的绣花孔雀蓝夹罗衫裤让我换上，令我大喜过望。那套衣服的上身是件短衫，粉色的扣套，玫瑰红的水晶珠扣子。下身是条罗裤，长度刚刚合适，因为她和我身高相仿。那套衣服里还有一条裙子，但冰心和浮云都没穿裙子，所以我就没试。反正我们是在内宅的深闺里，只有女性成员，无需太正式了。

我刚坐到梳妆台前，大丫头就过来了，用一把精巧的梳子替我梳起了头发。那张梳妆台像个聚宝盆，铮亮的桌面上放着一面斑驳的圆铜镜，一个黑漆化妆盒，上面用银子嵌成图案，一个带象牙手柄的翡翠挠痒器，一个做工精细、嵌着宝石和金银丝的粉盒。我望着那面古老的镜子，不禁暗忖，古往今来，不知曾有多少闺秀对着这抛光的镜面整妆过脸容呢。

大丫头在我头上忙碌时，冰心和浮云在一旁看着，我们三个谈笑风生。那脸上长痘痘的丫鬟也凑过来看热闹，刚才是她服侍我洗澡的。看了一会儿，终于忍不住嘟囔了一句说："瞧这头发，跟稻草似的。"

大丫头反驳道："才不呢，我看像缝衣服的金丝线。"

青春痘继续挑剔道："她的眼睛也挺怪的，像是蓝玻璃。"

大丫头又顶了回去："没错，可人家皮肤多白啊，比羊脂玉还白呢。"

大丫头很喜欢我，因此，老想着从我这位外国客人身上找出一些符合中国传统审美标准的东西。在中国话里头，"羊脂"是指一种乳白色的玉石，价值连城。如果女孩子长得"肤如凝脂"，那无疑是受到了上苍的特别眷顾。她将我的头发在脖子后面盘成一个发髻，然后就开始替我修眉。她十分灵巧地扯动手中的两根丝线，在我眉宇间游走，那感觉比外国人用镊子拔眉毛要轻柔多了。等她完成后，我的眉型也变得和冰心一样，细而弯，一如中国古诗中常常咏到的"新月"和"柳叶"。按中国面相学的说法，粗眉代表心浮气躁，很不适合大家闺秀。

大丫头行事专断，也不问我的意见，便按自己的想法替我化妆。她替我上了一层散发淡香的面霜，继而涂上乳状胭脂，描了眉，然后像艺术家审查自己的画作，退后几步，不带任何个人感情，认真审视自己作品的效果，那样子还真像那么回事儿。看了一会儿，终于满意了，点点头。

就在这时，吴夫人进来了，眼神里透着兴奋。她的出现，迅速把我从幻想拉回了现实。刚才，我还是中华古国里的公主，一眨眼就被打回原形，不过是一个肩负着艰巨任务的美国战地记者，等待着采访即将到来的直奉大战。

吴夫人宣布说："吴将军今晚就要出发去长辛店了，黎明时对奉军开战。"

半夜送吴佩孚出发

　　宣布这消息时，吴夫人圆睁双眸，目光炯炯，挺直了肩膀。这女人真的是很有威势，仿佛自己就能挺身而出，率领千军万马去对抗张作霖。她是满族人，与慈禧太后同族。老佛爷的那种威严，在这位将军夫人身上同样的昭著。

　　这消息使气氛一下紧张起来。好在丫鬟们并不关心开不开战，只顾忙着整理我的东西。这时突然爆发出一阵尖笑，把紧张气氛破除了。一问，原来她们发现了一样稀奇的东西——我的蓝色缎面高跟拖鞋。浮云很是乖巧，趁机拿了其中一只给吴夫人看，希望分散她对战事的担忧。吴夫人果然受了吸引，开始试穿起那双鞋子。她是满族人，不裹小脚，所以能尝试外国的鞋子。浮云和冰心看看自己尖尖瘦瘦一双小脚，显出惋惜之意，同时也为自己那双一搦凌波、不盈三寸的金莲自豪。吴夫人这时已脱掉自己的锦鞋，穿上了我那双高跟鞋。两位年轻妇人赶紧过去扶她。

　　她左右手各扶着一位夫人，慢慢地在房间里来回行走，房间里顿时笑成了一片。几分钟前还愁容满面的吴夫人这时已笑逐颜开，成了一屋子里最高兴的人了。试完了拖鞋后，她又对我箱子里一双镶水钻的黑缎舞鞋产生了兴趣，于是拿来换上，又在屋子里摇摇晃晃来回走了几遭。正

吴佩孚中年戎装照

开心时，一个丫鬟扭着身子进来说开饭了，让大家赶紧去。于是兴高采烈的试装活动只好收场。吴夫人小心翼翼脱下我的高跟鞋，换回自己的绣花锦鞋，带上大家来到女眷吃饭的餐厅。

餐厅很宽敞，最里头立一面大镜子，镶黑底描金边框。镜中倒映着门外庭院的绝美景色。爱丽丝开始奇幻之旅前窥探过的那面镜子，恐怕都比它不过。大丫头说，这面镜子叫"明镜"，是有灵性的。它的作用，除了照出女眷们的秀丽姿容，以及供孩子们玩它底座上那条金龙外，还能驱除恶魔，为整个家庭带来好运。据说，一些有神通的中国人号称能观镜面而知凶吉。

镜旁不远处放着一架美国进口的小型风琴，它是吴夫人的最爱。餐厅正中摆着一张雕花酸枝饭桌，大家围着饭桌坐了一圈，等着上菜。凳子是圆筒形的，凳面嵌着大理石。饭桌上不铺桌布，每人面前都摆着一碗饭，饭碗极精巧，此外还有粉彩瓷汤匙、象牙箸和一壶茶。茶壶用棉罩子紧紧捂着，说是为了保温。

四盘精致的开胃冷菜已经在桌子正中摆好了。吴夫人用自己的筷子替我夹了一些鸡肉、咸蛋、火腿和肉丁。随后，服侍我们用膳的丫头就把冷菜撤了，端上了八大盘热菜：蘑菇炒蛋、烤鸭、炒虾球、鲜笋栗子烧鸡、紫甘蓝炖肉、清炒豆芽、核桃肉炒鸡胸以及酱汁烤鱼。每一道菜都美味异常，可见中华美食足以撼动法式料理的地位。最遗憾的是我用起筷子来非常的笨拙，难以尽情享受。有一幕让我很惊奇，一位照看小孩的丫头会时不时地将一口菜放进自己嘴里，嚼烂后再喂小孩。

热菜之后上来的是八宝饭。它将糯米、莲子、酸梅、糖渍樱桃、枣子、坚果、无花果和陈皮完美地组合在一起蒸熟，然后浇上杏仁炼乳上桌。真令我叹为观止。

我们女眷在内宅里吃晚餐时，家族里的男人们则在大宅的另一头享用同样的美食。

这顿饭吃了许久才结束。饭后大家一起漫步来到天井，欣赏夜空，看着星星一颗接一颗升起。不久，冰心和浮云各自回房了，吴夫人和我继续在光玉潭边小坐。万籁俱寂，蛙虫无声，在内宅里，你听不到士兵巡逻的脚步声，也听不到运输车辆来往的轰隆声。这是个与世隔绝的小世界，被高墙与外面的生活隔离开了。

又坐了一会儿，见夜色渐深，吴夫人便送我回房间就寝。

四个丫鬟中，Learn Pidgin（幼鸽）是陪我过夜的，夜间有什么事情的话，由她来服侍。她抱张简易竹塌到我房间，一进来就把窗户关了，说是夜里的妖魔鬼怪到处游荡，见了开着的窗或门，会趁虚而入的。另外，关于如何铺被子的事情，她和大丫头也讨论了许久。她们的意思是要将那条红缎面的被子折成一个睡袋的样子，这样我可以照中国人的习惯钻进被窝里睡。哪知我却希望将被子平铺在床上，让她们大伤脑筋。

就在两人争论不休时，远处传来了微弱的集结号声。这一下，内宅里开始不安宁了，走廊里传来急促纷乱的脚步声，窸窸窣窣的丝绸衣裙摩擦声。淡淡的香水味也从门窗缝里钻了进来。两个丫头忘了被子的事，跑出房间去探听究竟，边跑边问家里出什么大事了。我也跟了出去，又随她们穿过迷宫般的一个个房间、一条条长廊，最后到了吴府的前院。

吴夫人和家里的男人们已经在那里了，正和一群军人大声说话。我和丫头们一到，吴将军也出来了。他没有多做停留，匆匆向家人道别，也向我道别，之后便领着卫兵们一道离去，消失在夜幕中。此次一去，是真的要投身战火中了。

我们走出吴府大门，观看大部队出发。士兵们排着长长的队列，踏着正步向火车站行进。星光下，军人们的轮廓被勾勒得分外鲜明。队伍数量庞大，从我们面前一拨一拨行过。一些士兵看起来不过十三四岁。他们穿灰色制服，戴红袖筒，双肩挎背包，背包上绑着挖战壕的凿子、铁铲，还挂着提灯、茶壶以及油纸伞、闹钟和热水壶。现在回想起来，士兵们上战场居然还带着扇子、雨伞和陶瓷茶壶之类的东西，的确有些可笑。但那晚的场景，可没有半丝玩笑的成分。

紧随队伍后面的是装着寝具和供给品的双轮骡车。赶车的都是些小男孩，在车子两边一路小跑着，气喘吁吁地尖声吆喝，训斥那些犟头犟脑的骡子。

最让人震惊的是骡车后面的队伍。只见大批民夫用毛竹杠抬着一只只厚重的木棺材，组成了一个长长的死亡运输队。见我目瞪口呆的样子，吴夫人解释说，有了这些棺材，士兵们才安心，知道万一战死的话，躯体不会离开这片土地，灵魂也将认祖归宗有所依靠，不会没有着落，四处飘荡。我这才恍然大悟。

终于，一切复归平静。无论是吴将军和手下将士们，还是抬棺材的民夫们都消失在夜色中。留在视线里的，只有吴府庄严肃穆的高墙。这一切仿佛是从某部电影里剪辑下来的，我不禁恍惚起来，分不清这是真实的存在，抑或只是东方电影中一个扣人心弦的场景。

我郁郁地回到卧室，明白大战是真的要爆发了，且几乎就在家门口。我也别无选择，必须紧随吴将军去到最前线采访。长长的棺材队那一幕，则被我迫不及待地从脑海里驱除掉了。然后便打开窗子，上了床，在天花板上那几条龙的注视下进入了梦乡。

看吴夫人梳妆打扮

朦朦胧胧中，一个声音在说："贵客小姐，你的早茶来了。"

我睡意未消，勉强睁开眼，对着眼前这位穿戴整齐的中国女孩看了许久，才认出是大丫头，想起自己正置身吴府里。

这一夜很不寻常。首先，在炕上睡觉，于我是全然新奇的。炕是用砖和泥搭建的，下面是空的，在寒冷的冬夜，可以在里头生火取暖，但也因此而坚硬无比。那条缎面生丝被子让我产生了错觉，以为会很舒服，其实并非那么回事。总之，那夜的舒适程度，与睡在苦行僧的硬板床上相差无几。

其次，我和 Learn Pidgin（幼鸽）之间就窗户是开还是关的问题，持续较劲，虽然并没有正式宣战。事情是这样的，半夜醒来时，我发现窗户是关着的，空气十分沉闷，于是悄悄起床将离我最近的窗子打开了。快到早晨时，我又醒了，发现所有的窗都关着。我见 Learn Pidgin（幼鸽）睡得正酣的样子，就再次起来将它们打开了，然后重新睡下。这会儿，我喝着大丫头递上的茶水，却一眼瞥到窗子又全给关上了。不过，一早就起来的 Learn Pidgin 这时也进来了，她似乎猜到了我的心思，大张旗鼓地将窗子全打开了，让阳光洒了个满屋。我想，大概因为现在是阳光普照的大白天，黑夜的恶魔逃之夭夭了，所以她就无所畏惧了。

那时我初来乍到，尚未太多领教过中国人的无穷耐心：这种耐心可以化解一切抵抗，与水滴石穿是一个道理。现在我已经学乖了，如果某件事情不是绝对由我说了算，那我就绝不争辩。我一般尽可能顺从，而且做得若无其事，这样就不致太丢脸，也不致破坏情绪。这么做看似软弱，其实是经验之谈，属于明智之举。

大丫头见我喝了茶，便和蔼地问："请问贵客，吴夫人准备去关帝庙转转，您想起床一块去吗？"我当然是求之不得了，听了赶紧起床，匆匆做起了出发准备。心里还在诧异，吴夫人这么早就出门求神拜佛，够虔诚的。我很快穿衣打扮好了，以为立刻就要出门，哪知道，真出门时，已经是三个小时以后了。作为一个西方人，我还不懂东方人是催不得的。也没理解在中国，"几分钟"可能意味着几个小时，而"一点点路"可能意味着几英里的崎岖道路。

起床后，因见一时还出不了门，便信步到院子里溜达。三个小孩正在院子里上早课，俯身在一张长条桌上一笔一画认真描红。浮云的女儿宝莲似乎无法专心致志，所以那家庭教师对她的态度颇严厉。早晨的天气这么美好，却不能玩，孩子自然要分心的。

妹妹和弟弟的样子都很认真，宝莲却坐立不安。她细嫩的手指握不好手里的毛笔，一对淘气的眼睛一会儿看看鲜花上的飞蝶，一会儿瞅瞅阳光下啾啾鸣叫的云雀。那老师真的很无情，见她那样，大声呵斥道："子曰，学而时习之，不亦乐乎，难道你不懂吗？"

那五岁的小女孩被他这么一训，一下子大哭起来，把手里的毛笔一扔。砚台里的墨汁飞溅起来，把一身粉红的漂亮小袄弄脏了。坐在她后头织毛衣的奶妈一看，跳起来就去找浮云。

妈妈过来时倒是一脸冷静，并没有责骂女儿，也没有替她辩解，只安静地把小女孩领到自己的院子。在一间屋子里，角落有一张小桌，上面供着一尊大慈大悲观世音像。塑像很高大，是精美的德化白瓷烧制的。据说观世音最善于倾听女人们的祈祷。

"你这淘气鬼，自己对着观音娘娘反省去。"浮云道。小女孩手足无措地站在那儿，怯生生地抬头望着一脸慈祥的观世音。"瞧瞧娘娘的脸，一点都不气不恼，"母亲继续道，"你想不想将来也长得花容月貌，让你的夫君对你爱护有加？想的话，就得像观音娘娘那样娴静。"

几分钟后，小女孩回过身，羞答答地对妈妈说："娘娘在朝我笑呢。"见她不闹了，奶妈又把她领回课堂。这一次，她果然安静了，很主动地做起了功课。浮云悄悄对我说："小孩子嘛，就得学会自我控制。"

冰心一早已经去吴夫人那里敬过早茶了，所以我知道吴夫人起床了。冰心和浮云两人都恪守传统，对待比自己年长的吴夫人就像对待自己婆婆那样，礼数周到。于是，我让她们俩陪我去吴夫人房里道早安。进屋时，一个老妈子正在替吴夫人梳头，梳几下，沾沾头油。吴夫人对着镜子左顾右盼，似乎颇为挑剔，总不满意。两个年轻妇女很雀跃，在一旁七嘴八舌地给意见，反而添乱了，弄得一旁给老妈子打下手的三四个丫鬟怕得要命。折腾许久后，吴夫人终于露出了笑容，这才使紧张的气氛缓和下来。

头发弄妥当后，便开始穿衣打扮。丫鬟们打开好几只雕花的红漆柜子，轮番将衣裙取出来让女主人试。我看那些衣服件件都是锦衣华服，有刺绣镶边的，有织锦缎面的，有丝绒的，上面印着竹子、梅花和牡丹图案。吴夫人挑了半天，最后从五彩缤纷的衣服中选了一件黑罗绸衫，扣子都是翡翠做的。衣服选好后，轮到挑选鞋子，也是足足看了三五十双，最后选的是一双黑底金线绿花缎鞋，说是最衬她的衣服。

这时，另一个丫鬟捧着个巨大的漆盒子颤巍巍进了屋。我在心里叫了声芝麻开门吧，那丫鬟果然像故事书里的精灵一样，掀起了珠宝盒子的盖头，现出里头满满的奇石和珠宝来，让人看了目眩神迷。吴夫人从里头慢慢挑选了一对纤长的翡翠珍珠耳环，几对手镯，两枚长长的镶金珐琅头花，好几个嵌翡翠和珍珠的金戒指，这才打扮停当。我禁不住对她那身华服和珠宝大加赞赏，她却扭捏道："哪里，没什么好东西，根本不值一提。"

　　一早就说去拜神，直到这时才真正出门。一行人来到大门口时，见早有一辆四轮大马车在等着。吴夫人、冰心、浮云和我鱼贯上车，马夫"驾"的一声吆喝，我们便前呼后拥地出发了。这次出行的阵仗可谓极其庞大，马车前有四个骑兵开道，两旁踏板上站满了卫兵，后头还跟着一队骑兵压阵。骑兵后面跟着第二辆马车，里头坐满了怀抱香烛和冥纸的丫鬟和老妈子。

武神庙里接到直奉开战消息

武神庙外面围着高墙，还没到，就听到里头的阵阵乐声。法师的念经声，木鱼有节奏的敲击声，与寺庙附近军营传来的嘹亮军号声交织在一起，组成了奇怪的交响。我们一到，士兵们便无情驱赶起原本聚在庙门口的乡下人。那都是些可怜而无辜的老者，一下子被赶，都有些不知所措，却很认命。他们都来自保定府四周的乡里，因为战乱，儿子们和雇工们都被抓了，要么被逼当兵，要么去当马夫、挖战壕、做苦力，全被匆匆送上战场。青壮年被抓走了，留下的都是些老弱妇孺。他们来寺庙，是为了祈求佛祖保佑。他们并不关心这场战争谁胜谁负，只担心今年春播庄稼的收成，祈求战乱早日结束，好让那些种田急需的壮劳力早日回来。

而吴夫人此行的目的则很明确，她就是来祈求吴将军获胜的。说来也巧，我们刚进寺庙大门，通信兵就送来一封吴将军从长辛店发来的电报：

佩孚今开攻，替国民讨天下之逆贼也。

数英里外，隐约传来机关枪的哒哒声，直奉大战终于打响了！一阵兴奋的寒战掠过我全身。我想，我虽然是置身战区了，但躲在吴佩孚的直军总部还不算战地采访，必须设法去最前线。

　　吴夫人看了电报后倒是异常冷静，从容如初。她一语不发，当即一路领先直奔大殿。其余人也赶紧跟了上去。我们的到来引起了小小轰动，因为大家的样子与寻常的信众太不同了。吴夫人一身黑绸衫裤，一望便如威仪四射的一品诰命夫人；浮云穿一套紫底蓝花湘绣罗衫裙，引人注目；冰心则一身粉色缎衣裙，仿佛一朵鲜花。最奇怪的是还有我这样一位洋小姐混在里头。这三位中国妇女出现在这儿，与整个环境很不协调，就如在一块旧布上织出的鲜艳彩图，图案是五彩新鲜的，底布则旧得褪色了，一如乡下人身上褪得发白的蓝灰土布。由于吴府的女眷很少踏出内宅，外人自然难得见识。村民们出其不意看到这罕见的一幕，不免大为兴奋。

　　我们一路慢走，好让浮云和冰心跟上。她们踏着一对三寸金莲，只能蹒跚而行，速度慢得很。趁此机会，我便东张西望，把花园、庭院及寺庙院落里的各式建筑尽收眼底。快到大殿时，碰到一大群乡下人围着个瞎子，听他唱河南梆子，我们也驻足倾听了一会儿。他的调子很高亢，唱的是关帝的故事。见我们来了，人群骚动起来。瞎子听大家说是吴夫人来了，马上改唱起了吴佩孚的故事。吴夫人大喜，吩咐身边的卫兵好好打赏他。

　　瞎子咏唱的关帝是文武双全的，武神庙也处处渲染他这两点。庄严雄伟的主殿有着高大的灰墙和彩色琉璃瓦，足以突出他的文功；旁边的次殿同样精美，则突出他的武治。

　　进了主殿，见下人们已将红蜡烛和香在关帝像前摆好。神像通体庞大、面如涂丹，安坐在一张宝座上，头顶一把巨型红绸伞，漠然冷对伏在脚下叩拜的信众们。他似乎并不在意面前供奉的食物，穿件古怪的金红相间的袍子，手捧《左传》。他形象太过于高大，反衬得普通中国人状如侏儒。这尊神像很新，是去年曹锟下令在天津塑造的，靡费巨资，刚刚造好一年。

　　乡民们为吴夫人一行让出了一条路。尽管我相信对于吴夫人来说，祈拜可能只是一种仪式，但毕竟事涉私隐，这时候站在一旁看总觉得不礼貌，于是便溜达开去。

走进旁边次殿里，见这里的关帝换了一副武将的形象，雕塑得更精细。他全副铠甲，骑一匹凶蛮的赤兔马，持一把青龙偃月刀，瞳如点墨，杀气腾腾。殿堂里烛光摇曳，半明半暗，使他的红脸膛更显狰厉。

令我惊讶的是，殿堂并未如其他佛寺那样，沿墙排列其他次要的佛像。偌大的殿堂里摆放的全是战争器具。一边墙陈列着古时候的战车、长矛、柳叶刀、盾牌以及攻城用的撞锤，另一边则陈列现代武器装备，如步枪、大炮、机关枪等。三国时代的战争场面被刻画在靠墙的石碑上，分外精美，用连续的画面展现了关公的生平事迹。我从入口处的那幅画开始，一幅一幅慢慢欣赏过去。大丫头和两个卫兵一直陪在我身边，时刻保护我这头号贵客。过了好一阵，吴夫人也进来了，在武关公的神像前点燃了蜡烛。

回家的一路，吴夫人缄默不语，大异常态。那双表情丰富的杏眼里忧思淡淡。显然，她是陷在吴将军的事情里，心无旁骛。冰心与浮云一路喋喋不休，她都充耳不闻。我则不停盘算如何往前线去。柯罗思是第一天就随吴将军一同出发了，所以我开始担心起自己的报道来。身为战地记者，总不能头一回采访战斗，就被别人抢了独家。最好能在一个靠近前线的地方待上一阵子，了解战役的进展，然后赶回保定写一篇"第一目击者"的报道。

暂时，我对前线情况的了解只能靠战事简讯。根据吴将军的命令，每隔几个小时，保定的直军总指挥部就会给我送一份战事简讯的英译件，我便据此编新闻稿，准备电讯。我的临时办公室设在吴府的祠堂里，打字机咔嗒咔嗒的声音在空旷的祠堂回荡，那情景颇为奇特。我工作时，吴府上下都围在一旁看稀奇。

负责送战事简讯的是直军的一位高级军官，我便求他向吴夫人转达我想上前线的想法。架不住我再三恳求，金石为开，那天傍晚吴夫人好不容易同意了。

吴佩孚早期戎装照

他的样子，迷住了年轻的张佩兰。

等正式出发时，已是午夜过后了。我在两个全副武装的卫兵护送下，带着两个惊恐万状的贴身丫鬟前往火车站。我们搭的是一列长长的运兵列车，一上车，就被带进一个包厢里，紧锁了门。那两个卫兵在门口的通道上站好，负责保护。

让我带上丫鬟和卫兵自然是吴夫人的主意，而且不容推托。我原本充满了兴奋，憧憬着出生入死，当一个羽翼丰满的老练战地记者，这下倒好，居然带着丫鬟上战场了，实在汗颜。多大的耻辱！平心而论，吴夫人为人强势，在女性权益方面有超前的思想，但还免不了要规范我这个女记者的行为。她认为妇道人家出门，有下人随行才有面子，又能获得一定的保护。对她的体贴周到我自然十分感激，但是带着两个丫鬟去完成战地采访任务，确实有些过了。

出生入死上战场

火车渐渐减速，驶入旁轨，琉璃河站到了。

天色依旧很黑，琉璃河对岸的村庄只是影影绰绰的一团。村寨的门楼高耸，宛如巨大的幽灵。走下火车时，头顶突然炸开一个巨大的火球，色如琥珀，满天红透。不久之后，这天空的红色就会投射到下面的大地上，将它变成一个鲜血横流的可怕战场。

太阳升起后，琉璃河谷恢复了生气，夜幕下的那种神秘感也随之消失了。耀眼的阳光下，远处村庄的低墙显得破旧泛黄。我决定甩下随从，悄悄溜走，便让两个丫鬟留在相对舒适的包厢里喝着茶，自己下车溜达一下。月台上，两个卫兵正向一位大个子北方男人买大馅的肉水饺。那小贩挑一副点心担子，有一个熊熊燃烧的炭炉，几个蒸着食物的锅子和盘盘碗碗。趁他们无暇他顾，我一头钻进士兵堆里偷偷溜走了。我的目标是村庄的那个门楼，一离开站台，撒丫子便跑。到了村头一看，只剩下个空壳，因为村民们早已在吴将军的命令下疏散了。

爬上村墙的门楼后，居高远望，战场的全景便尽收眼底了。眼前不远处就是直军的千军万马，离我最近的位置是昨天奉军后撤遗弃的战壕，往前去，是新挖的战壕，里头满满当当全是直军士兵。更远处是零星的几个坟堆，当中是空荡荡的前哨站。那坟场是村里埋葬死者的地方。直军阵地向北四五英里处，耸立着长辛店的陡峭山脉。每一个山脊都有张作霖的奉天部队在挖战壕。我透过望远镜可以看到上面的排炮阵地，居高临下对着平原地区。山上古老的镇岗塔也被改成了战略据点。镇岗塔是著名的地标，一直是四周乡民朝拜的地方，如今却为鏖战双方所垂涎争夺。正值雨后初霁，位于两军阵地间的山谷显得葱翠欲滴，但不需多久，战火就会将它彻底摧毁。而经过战死将士鲜血的浇灌，到了下一个春天，这里的花草树木将更加葱郁。

这片两军之间的无人区蔓延一百二十英里左右，一直向东南方向伸展到渤海岸。它起自北京城南十英里的长辛店（北京现在已成了孤城，所有城门紧锁），终于天津边界（津门已陷入一片惊恐之中，外国租界纷纷筑起沙袋和钢丝网，把自己围起来。由英国、美国、法国、意大利和日本的驻军负责守卫）。

突然，我感到寂静的大地一阵明显骚动，随后又复归平静，气氛紧张得令人喘不过气来。那种无声无息的空洞感使人毛骨悚然。门楼拱形屋顶上，一只黄鹂这时却突然唧喳开叫了，把我惊得跳了起来，连忙伸手让它闭嘴。出其不意间，军号嘹亮的声音划过长空，碰到远处的山峦后反射回来，形成奇怪的回音。

刹那间，直军开始冲锋了。大批士兵从战壕里蜂拥而出，汇成一条巨蟒，蜿蜒穿过旱麦田朝前冲。另一些直军冲出了连绵的帐篷，边跑边扣紧军服。其余士兵则冲出横七竖八停在旁轨上的列车车厢。他们汇到一起后，组成吴军最著名的波浪阵，缓慢地穿过大片的玉米地。直军展开一个四十英里宽的锋面，冲向前方奉军放弃的前哨阵地。

但死亡也开始降临，仿佛割草一般。山顶的排炮打过来，整个山谷被炸得震耳欲聋，地动山摇，那场面宛如一条沉睡在山谷里的巨龙突然震怒，一边张嘴喷射烈焰，一边晃动巨尾，疯狂拍打大地。

未几，直军的大炮也开始强力反击了。在炮火掩护下，直军士兵再次向敌方的前哨阵地发起冲击。没想到一颗威力巨大的散榴弹突然在队伍中开花，冲锋势头一下受阻。那场景就像是一个神勇的巨型农夫手拿死亡镰刀在收割着一群人，而不是谷物。

太阳在空中高悬，整个战场却被尘土和硝烟笼罩，浑浊不清。但还是可以看出，直军慢慢占了上风。他们推进到了奉军前哨阵地后，双方开始肉搏，以最原始的方式徒手厮杀。我不知道该如何形容那种可怖的场面。不知不觉间，已经到了中午，但对我而言，时间的概念已不存在了，地理位置的概念也不存在了。我对世界上所有的东西都失去了感觉，只看到眼前这片充满了死亡的全景画面。

不一会儿，秃鹰便嗅到了死亡，成批飞临战场。它们吃饱了士兵的肉，在我身后的村墙上排成长长一列休息，一个个都又黑又胖。

"小姐，小姐！"

这突如其来的呼唤，把我吓得叫出声来。定睛一看，一个瘦小的中国人突然出现在眼前。我几乎不敢相信自己的眼睛，在这血流成河的大屠杀场，居然有人敢跑出来。可这是千真万确的，他像是个卖甜糕的小贩。

"你……你是哪支军队里的？"我结结巴巴地问道。

"别怕，小姐。"那男孩安抚我，"我是火车上的服务生，过来卖糕点和香烟给那些士兵。就刚才这一会儿工夫，已经卖了好多钱了。"

说话间，空中传来了呼啸声，一声接着一声。我突然醒悟过来，这是奉军的远程大炮在朝这边发射。奉军一定认为我所在的门楼是敌方的野战电话指挥点，要不就是敌军的某种设施。想到这，我二话不说，立刻扒在门楼顶的墙沿，手一松，跳了下来。

火车服务生也朝我大喊："小姐，快跑！"说着，他扔下篮子，飞快地跑出村门，朝远处废弃的战壕跑去。我从地上爬起来，视线紧随着远处奔跑的男孩，见他跑着跑着，突然一个趔趄扑倒在地。一颗子弹射中了他。

我在门楼里找到一件厚棉袍，盖住男孩，又找了几块石头压上，免得被秃鹰发现。把他单独留在那里真很残忍，但别无他法。我耳里一直回荡着他的喊声："小姐快跑！"

照着他的意思，我撒腿就跑了，依稀认定那是火车站的方向。虽然官方的正式文告尚未出笼，但我已知道首战是直军告捷了。现在最重要的事情，就是赶紧把我的电讯稿发出去。这么想着，我紧赶慢赶，好歹找到了火车站。

在错综复杂的岔道口，一列火车正生火待发，准备将伤兵送回保定的医院。伤兵正从四面八方被送上火车，许多人由战友背过来，另一些则用狭窄的木板一路颠簸地抬过来，还有些是用门板抬来。只有极少的伤兵有幸躺在正式的担架上。

在一个临时搭起的红十字会帐篷里，屈指可数的几个医生正在为潮水般涌来的伤兵提供急救。大部分伤员等不及处理就直接被送上了火车。车厢地板上只薄薄铺上一层秸秆，伤员们成排躺在上面。

我呆呆站着一旁，凝视着这列挤满了伤兵的火车，突然意识到它要启程了。来不及多想就飞身冲过去，跳上了最后一节车厢。还没站稳，火车就启动了，我跌坐在货车厢的地板上，这时才想起还有一路陪我前来琉璃河的丫鬟和卫兵，也不知他们现在何方？列车开始慢跑。四周一看，密密麻麻全是伤兵。

感觉有人在轻轻拉我的脚踝，不禁一阵心惊肉跳。鼓起勇气看，见到一张憔悴而抽搐的脸，正乞求地望着我，顿时产生了强烈的同情。那伤员想张口说话，却发不出声。见他费力地想扭过头来，我猜到他要喝水，就用他的茶壶给他喂了一点水。车厢的另一头，一个伤兵突然爆发出撕心裂肺般的狂叫，显然得了战争创伤症。在渐深的暮色中，他扭曲的面庞显得格外恐怖。

眼前有一位年轻小伙已经奄奄一息了，而我却无能为力。他因不堪痛苦而前后扭动，手指插进秸秆，拼命抠着车厢的铁皮地板。我只得闭上眼睛。再次睁开时，他的手已经停了下来，他的折磨终于结束了。

有关中国前几次内战的故事，我听过不少。据说，在那"过去"，夏季的战事对交战双方而言，几乎像在度假。若逢下雨，双方的将领就会升起白棋，然后聚到一起玩几轮麻将。开打时，通常只会胡乱放几枪（有时还用鞭炮凑数），实际的人员伤亡几乎为零。然后交战双方再坐下谈，一般都非常礼貌友好，就这么把事情解决了。当然，某方的将军可能在赴盛宴时被毒死，或被重金收买。但是，无论战事如何结束，都鲜有士兵受伤害。而这次吴佩孚与张作霖之间的直奉战争则充分体现了现代战争的残酷。看来我是太无知了！

车轮转动的节奏和伤员的呻吟交织成一首死亡的挽歌，似乎在咏唱着一个发狂的伤兵和一具尸体的故事，在我脑子里周而复始地播放。突然，车身猛地一冲，急停下来，受伤的士兵因惯性相互撞到了一起，那发狂的伤兵又开始惨叫起来。这里是个交道口，横着一片旁轨，停满各种车厢，其中有六七节被挂上我们的列车，使原本漫长的列车更长了。我不顾一切地爬下了车，心里明白，在这节可怕的车厢再待上一夜的话，非崩溃不可。

下到旷野，但见夜空里繁星满天，一切都清晰可见。我顶着淡黑的夜幕，沿着河边跑，仔细查看停在旁轨上的各式车厢，终于发现有一节车厢似乎只装有补给品，至少里头没有伤员。我大大松了一口气，爬了进去，一屁股坐在一个粗粝的大木箱上。

火车开了，在夜色中悄悄行进，随着车厢的晃动，困意渐渐向我袭来。但转瞬又惊醒了，心里有种莫名的恐惧。那晚目送吴佩孚大军从保定开拔的一幕，又浮现在眼前。我仿佛看到了吴将军，看到了浩浩荡荡的队伍，看到了一辆辆装满补给的骡车，还看到了那队抬着棺材的民夫，看到他们消失在保定府城墙外的夜雾中。我一直想忘却的这些，这时却栩栩如生地跳了出来，尤其是那队长长的棺材阵。

明白了，我坐的粗木箱其实是一具棺材。这是一节运棺材的车厢，而每一具棺材里都躺着一个战死者……

火车不知不觉中驶入了保定府的车站。医院派来的担架员戴着红十字臂章朝车里张望,寻找伤员。我一眼看见那两个丫鬟和卫兵也在月台上站着,焦急地寻找我这个贵客。

随张佩兰拜会传教团

两三天后，保定府陷入一种不祥的寂静。

过去几日，太阳原本很耀眼，闪耀着黄铜色光芒，现在却变得惨淡阴郁。中午刚过，天空已经寒冷阴沉。街道异常安静，湿冷的风卷起地上的黄土横扫。连头顶上盘旋的鸽子也像是不祥之鸟，翅膀下的鸽哨啸叫着，尖锐而阴郁。虽然没有巫师在击鼓警告，却有一种危险的预兆笼罩着整个城市和周边乡村。

关于直军前线情况不妙的小道消息，已经闪电般地传遍了整个中国内陆。保定的士气开始动摇了。

市集里，东一群西一伙的人凑在一起交头接耳。着绸子长衫的士绅们纷纷来到城墙外的护城河边散步闲逛，表面上是来遛鸟，实际却是来桥边相互打探消息的。商店一家接着一家地钉死了大门，很多大店只留下一块门板的位置供客人进出。在火车站，成群结队的难民又出现了，等待着一起南逃。他们坐在各自的铺盖卷上，麻木而安静地等待着发往汉口的火车。这里没有列车时刻表，不时有前线开来的火车驶进车站，车厢里挤满了受伤和战死的士兵。

每当有火车进站，就有一长队的红十字会担架员围上去。他们用竹制的担架将伤员抬往政府医院或教会医院。在保定市的历史上，从来没见过这么多的伤员从前线撤下来。连学校都被改成了临时医院。

面对这一切，我的心情也和今天的太阳一样，阴冷而倦怠。

采访任务一开始带来的兴奋早已消失殆尽了，就如太阳从天空中渐渐隐去一样。我的战地经历其实很短暂，从黎明尚未降临时算起，到满天星斗取代了高悬的太阳，满打满算也就一天，但感觉却如此漫长。在我生命中，这是第一次亲眼看到土地被鲜血浸透，血肉模糊的尸体堆积如山，看到火车地板上躺满伤兵，看到一双双眼里共同的痛苦。这些可怖的画面让我受到沉重打击。

前线传来的报道千篇一律地重复着令人气馁的消息。我所目睹的直军首捷并未重演，部队未能继续推进。奉军向无人地带发射了排山倒海般的炮弹，使直军裹足不前。吴将军被迫改变战术，转而采取守势，以等待增援。增援部队由直军著名的基督将军冯玉祥率领。他从自己部队里精心挑选了一批能战善战的老兵，组成无敌军，正赶来助阵。与他同来的还有数千其他部队。等援军一到，就会一起投入到攻打奉军的战斗里。目前，这些援军正一路强行军从山西赶过来，到了河南境内再换乘火车奔赴琉璃河。但这一耽搁，已经让吴佩孚消耗了大量的人员和弹药。

这天早晨，收到的简讯说，吴的部队已被敌军逼得步步后退。若消息属实，吴佩孚会不会被迫开始大规模撤退？会不会直军增援部队未到，张作霖的奉军就已经杀到保定府，并大肆烧杀掠抢？每个人都在担惊受怕，恐惧正侵蚀着保定人的意志。

就在这时，接到了保定一个传教站的茶会邀请函。拿着它，有种久旱逢甘霖的感觉。那天正陷在可怕的忧郁里，可能是因为天太阴，也可能是因为吴府的墙太高，突感到受困窒息，无法喘气。一天前还异常浪漫的重重院落，如今却变得不自然、冷漠与失真了。望着手里的邀请函，终于明白自己出了什么问题。这两天，我是独在异乡为异客，有种被连根拔起的失落感，急需和自己的同胞交谈一下。保定城里只有屈指可数的美国人，他们都是传教士，富有勇气，经验老到，饱具常识。他们审时度势的能力，我是遥不可及的。我对时局危殆的惊惧，在他们眼里，或许只是可笑的过虑。一想到他们，心才稍安。

于是便有些急不可待起来。但直到下午茶时间过了很久，我们都还没出发，因为吴夫人也去，准备起来自然大费周章。这几天，战事吃紧，外头风声鹤唳，吴府却一切如常，并没什么紧张感。冰心与浮云照常伴孩子们玩耍，欢快的笑声回荡在花园里。男人住的宅院里也与过往一样，噼里啪啦的麻将声终日不断。只有吴夫人会控制不住地突然发呆，思绪飘到遥远的地方，显出一脸的阴郁。

在这种情况下，收到茶会的邀请，对她也是件高兴事。顿时，内宅里又为她的打扮问题乱作了一团。锦衣华服一件件送进来试，又一件件弃诸一旁。丫鬟们兴奋得如同孩子一般冲进冲出，但吴夫人试衣时，总对她们送来的衣服横加嘲讽，让她们无所适从。这么忙乱许久，终于试到一身满意的，一切才归于平静。她挑了一件有着凤凰图案的紫红色的天鹅绒礼服。这次的配饰是钻石首饰。

她准备停当了，便来我房间看我是否就绪。我是早就穿戴整齐在等她了。我挑的是一套黑天鹅绒套装，但是否适合这样的茶会，心里没底。吴夫人看了我这身穿着后，果然大不以为然。她把我简单的行装翻查了一遍，一丝笑意爬到脸上，拎出了一件浅蓝色的雪纺晚礼服，又下令丫鬟拿来那双蓝色的缎面高跟鞋，让我换上。

我连说不合适。这是在中国内陆，又逢内战正酣，何况举办茶会的还是基督教会，这么风骚的淡蓝色雪纺晚礼服怎么穿得出去呢！再说了，这是我平生拥有的第一件法国时装，是在上海的一家法国商店里买的。因为是小尺码，不好卖，所以给我打了折。它很不耐穿，我不舍得为这种场合毁了它。当初怎么会带上它的，我也想不明白。但转念一想，这茶会对吴夫人而言是个极重要的场合，她已盛装待发，我怎能太随便呢。

因此，为免开罪于她，决定还是先换上那件晚装再说，大不了见了那些女传教士后赶紧解释。浮云这时也款款而来，穿上了一件精美的桃粉色的绸外套，绣满花卉。好看是好看，不过似乎更适合正式晚宴，而不是茶会。

说到底，如何着装对这种茶会根本是很不重要的。有一刹那，我甚至闪过一个念头，觉得该穿上那条旧马裤，装好行李箱，做好行动的准备。至于是什么行动，其实并不清楚，只觉得应该行动。

我随吴夫人登上了马车，将行未行时，电报局的信差赶到了，交给我一份电报。拆开一看，是约翰从上海发来的，内容是美国驻上海总领事康宁汉私下给他的建议。电报说：

美国和英国驻北京使团表示，吴佩孚军队行将溃败，康宁汉建议你立刻离开保定府，采取一切手段经汉口返回上海。

从我的表情里，吴夫人已经猜到了电报的内容。这时狂风大作，吹得架在两个大轱辘上的轿厢左右摇晃。她热切地对我说："咱们吴将军哪会这么轻易就失败呢，这都是奉天逆贼散布的谣言，别去信它。"大风和马蹄扬起了地上的尘土，纷纷钻进了嵌着玻璃的马车厢里，落到了我们的衣服上。我心想，这身蓝色雪纺裙装怕是要给毁掉了。吴夫人继续道："说起故布疑阵这一套，向来是吴将军的特长。他总把那些自吹自擂的对手糊弄得团团转，再笑看他们无所适从的样子。"

照我看，康宁汉是不会无凭无据就发出这种警告的。同样的，约翰若不是感觉到危险确实存在，也不会来干涉我的工作。但是，也许吴夫人是对的。我左右盘算，还是打算先鼓足勇气，再观察一段时间。但愿拜访过我的美国同胞后，对时局的看法能清晰起来。

吴夫人一行抵达传教团住所时，阵势颇为壮观，风头可以盖过任何歌剧名角。我们前面有一大队骑兵开道，后面跟着一群叽叽喳喳的丫鬟，迟到了近一个小时。吴夫人下车后，疾步走进传教士家的客厅，气势非凡，锐利的眼神迅速扫了一圈在场女士们的穿着，最后落在我这位外国贵宾身上，透出了赞许。显然，她认为我这身衣装把其他妇女都比下去了，给她挣了面子。这才如诰命夫人般雍容坐下，得意地啜起茶来。

客厅的布置非常简单，我们围坐成一圈。屋里一共有十几个女传教士，外加我和吴夫人。外面天色灰暗，昏黄的光线照射在白墙上悬挂的彩色圣经格言。屋子里原本人声嗡嗡，我们一行进来时，变得一片沉寂。待我们坐定后，步履轻捷的男仆们开始奉茶了，屋子里便又重新喧闹起来。吴夫人成了所有视线的焦点。那些女传教士都会讲流利中文，这时便七嘴八舌打听起了战事。

其中两三位年纪稍长些的女士长相惊人地相似：一头银发，面容和蔼，眼神中闪耀着牺牲的光芒。我知道她们为了认定的目标，已经准备直面任何危机。她们从事传教事业有年，无论发生什么，都会坚守岗位的。而较她们年轻些的女士们则没这么豁达，十分需要吴夫人的抚慰。最年轻的几个主妇则忧心忡忡，因为子女尚幼，怕有厄运降临到孩子头上。

交谈之后，吴夫人表示要探访教会办的泰勒纪念医院，因为直军的伤员们都在那里接受治疗。那几位长者马上带着吴夫人去视察了。我已经见过太多伤员了，不想再受刺激，便留下喝茶。和女传教士们聊了一会儿天后，话题渐渐转到前辈传教士在义和团运动时遭遇的可怕的经历。她们一件一件叙述起早期传教士们被屠杀的往事，听来不寒而栗。

伴随着这些可怕的故事，是当地基督徒们哀伤的中文哼唱："愿主与我相亲……"他们正拿着祈祷文，聚集在小教堂里做礼拜。他们的歌声在客厅里不停回响着。追昔抚今，身旁一位女士喃喃道："也不知这一次会怎么样。"

传来吴佩孚死讯

我们在阴暗的客厅枯坐时，美国教会一个男性工作人员慌慌张张闯了进来，手里捏着一封密码电报。电报内容是一则未经证实的消息，说吴佩孚和他的随员们在前线悉数被歼了。

我呆若木鸡，不敢相信自己的耳朵。对战事作过各种推测，却从未设想他会战死。此时此刻，不禁回忆起他对我说过的一句话："我是一个宿命论者，只有当那颗写有我名字的子弹击中我时，我才会死。"难道真是那颗子弹击中了他？

我必须赶紧回直军总指挥部，去核实吴将军的死讯。

于是连忙赶到医院去找到吴夫人。她还没有听到这最新的传言，正像一个孩子似的对 X 光机好奇不已。然后，她凑在一位医生旁边，看他从一个伤兵身上找到了一颗子弹。折腾了好一会，总算劝服了她，随我们离开了。

局势已经极度危殆了，这时还穿着这身晚装，实在是荒谬不堪。我恨不得马上换下它，穿上马裤，以应对任何紧急情况，因为吴佩孚被杀的爆炸性新闻随时会发布。突然意识到，换个角度看，这则新闻可能已经不新了：设若吴将军真已遇害，那保定府必定一下子就会被战事吞没。这才是新闻。

我们一下就从过往的悲剧联想到刻下的恐怖，感觉历史将要重演。马车甫入保定城门，立时感受到剧变正在发生，整个城市笼罩于亢奋之中。吴将军战败的消息已迅速传遍全城，逃难潮已启动。面对这一切，连一向沉得住气的吴夫人也禁不住焦虑起来，不断自言自语："哎呀呀，哎呀呀，怎么办呀！"

在马夫不断扬鞭催促下，骏马奋蹄疾奔，轿厢起伏颠簸，恍如海上的一叶孤舟。车铃叮咚作响，骑行部队在前面清道，我们朝着吴府飞驰而去。刚上路时，天上就飘起了毛毛细雨，这会儿雨势汹汹，倾盆而下。透过雨帘，我瞥见路边那些早上还照常开门的商店，现在都已经上了门板，横插门闩；骡马大车一辆接一辆地驶过，满载着百姓日常用品；独轮车塞满了街巷，上面坐着老人和小孩们。

一进吴府大门，就听到仆人们哭声震天。吴将军的死讯已尽人皆知了。厅堂楼阁里，上下充斥着黄昏阴冷的气息。花园庭院中，处处被豪雨冲刷得了无生气。原本无尽浪漫的中国家庭不复存在了，成了悲伤与死亡之屋。步履蹒跚的舅舅出来迎接我们，不声不响地护着吴夫人进到祠堂里。

电报局的信差正在家中等着我，显然来了很久了。他递给我一封《大陆报》老前辈拍给我的电报：

战地记者先要保住自己的脑袋才有用。强烈要求你迅速离开保定府，保住脑袋。

望着电报，不知如何是好。于是决定先去电报局了解情况，再作定夺。我再次坐上马车，重新冲进大雨中，马车的铃声又一次回荡在保定街道上。在去电报局的一路上，我都在担心柯罗思的安危。在之前收到的电报中，他也在死亡名单里。

电报局到了。我跳下马车，地上的黄泥溅了一鞋——我的蓝缎鞋。大风夹裹着雨水横斜里扫过来，身体上下顿时湿透了，蓝色雪纺裙湿答答地黏在脚踝上。但我什么都顾不上了。电报局里一片混乱，一开始我还不明白众人何以如此焦躁，直到一位刀条脸的操作员向我解释说是电缆断了。"电缆断了？"我一时没回过神，机械地重复了一遍他的话。看到职员们开始着手关闭这个简陋的电报局，我才明白过来。是的，保定府与外界的通信被切断了，成了孤城一个。

我当即决定搭第一班火车离开这里，因为无论如何都得找到一个电报局，重新与外界联系上。目前，保定府通往外界的轨道只剩一条了。向北连接北京的所有轨道已经被毁。有传闻说，向南的铁轨也出现了问题，但仍决定去碰碰运气。我喑喑感激切断电报线的人，他们给了我离开这里的借口。

夜遇冯玉祥

　　吴夫人生性刚毅，嫁给一个军阀真是天作之合。她对吴佩孚的死讯嗤之以鼻，只是耸耸厚实的肩膀说，这些都是张作霖编造的无耻谰言。不过，她倒也赞成我离开，认为是时候走了，并马上派门房去火车站让列车暂候，等我上车后再开。我稍加收拾，一个小时后登上了列车，开始南行了。

　　整列火车里，我是唯一的外国人，余下的几百名乘客都是中国人，不免倍感孤独。好在过了一会儿，坐在我边上的少女对我露出了乡下人特有的憨厚笑容，看了之后，心情顿时好转了。更意外的是，坐在窗边的小伙子开口对我说起了英语。他穿件黑色的绸子长衫，说自己是斯坦福大学毕业的，并兴趣盎然地对我大谈起"亲爱的老斯坦福先生"。

　　约莫三小时后，火车开始减速，又过了几分钟，机车大口喘了几下，停在了旁道上。

　　那位斯坦福校友也不信吴将军已阵亡。他说，冯玉祥将军带领的无敌军已经快速进到了保定府，马上要从那里开往前线增援吴佩孚。"冯玉祥在这场战斗中至关重要。"他喊道，"我坚信吴将军的成败将取决于他。"

　　我们下车来到月台上，看着一车又一车的士兵从面前驶过。车厢里点

冯玉祥像
他是所有军阀中最朴素的，竭力维护自己的草根形象。

着灯笼，还用炭炉在烧水泡茶，微光勾勒出军人们的轮廓。我听到他们在齐声欢唱"基督精兵前进"，歌声回荡在黑夜的暴雨中。曲调虽然是"基督精兵前进"的曲调，但歌词却变味了，带有强烈的复仇意味，大意是一见敌军的眼珠便开枪，格杀勿论。

对面站台上，一列军车在刺耳的刹车声中停了下来。经了解，原来冯玉祥将军就在车上。那位斯坦福校友变戏法似的拿出了一把巨大的黄色油布伞，我们顶着大雨，穿过铁轨和烂泥，来到冯玉祥那节车厢，里头正传来激昂的乐声。我的临时陪伴跟车里说了些什么，冯玉祥的一个副官便下车来到月台，想弄清到底怎么回事。于是斯坦福小伙便一五一十把来龙去脉说了一遍，先是大谈一通自己的生平故事，然后介绍我的情况。按中国习惯，这些是必不可少的。我站在泥沼里，耐着性子听他喋喋不休。费了无数口舌后，事情终于有了结果，这位副官领着我们登上了冯玉祥的专车。

冯玉祥一身军服，身高逾六英尺，体格壮硕，浓眉如丛，双目凌厉有肃杀之气，面颊饱满。见了我，并没有任何惊奇之色，而是露出愉快神情，连表欢迎。似乎半夜三更突然冒出一个年轻的外国女记者，于他是等闲之事。我环顾四周，见车厢很简陋，放了许多长条凳。除他外，还有另几个军官在。大家落座后，勤务兵奉上茶水，我们便开始谈论起战事。对吴将军的死讯，冯将军一笑置之。他旁边的桌子上方挂着几盏防风灯，照着桌上一张军事地图，地图上插满了小旗帜，与我在吴佩孚的总指挥部所见如出一辙。桌上还有一本翻开的中文《圣经》，一本赞美诗集。他的副官中，有两三个会说英文，另几个会法语。再加上斯坦福小伙在一旁协助，我也会点简单中文，使谈话得以进行下去。

冯将军那本赞美诗集很有意思，上面没有乐谱，只有一列一列的大字印在对折装订的宣纸上。我恭维他们唱得不错，他们听了更来劲了，又扯开嗓子唱起了"耶稣爱我万不错，因有圣书告诉我"。其他人也纷纷加入。这旋律是如此的熟悉，它本是主日学校孩子们的歌，从这些军人嘴里唱出来，却变成了慷慨激昂的战歌。歌声中，暴雨如注，敲打在车厢顶上，仿佛鼓声阵阵，在为战歌伴奏。

趁他们引吭高歌，我仔细打量起这位冯将军。他出身穷乡，如今成了吴佩孚的臂膀。与张作霖或吴佩孚不同，他颇符合我想象中的典型军阀战士形象。然而，他仍然充满许多未解之谜：在中国这幕错综复杂的政治大戏里，他究竟是在谋一己之利，还是在替吴将军做事？当时我并没有答案。等他们唱完之后，我们又稍作交谈才道别，与斯坦福小伙回到自己的火车上。

随着一阵"喀拉、喀拉"的竹板敲击声，一个圆脸小贩挑着面条担子朝我们走来。肉汤面的香味钻进鼻孔，令人馋涎欲滴。我和斯坦福小伙抵挡不住诱惑，各要了一碗热气腾腾的汤面吃了起来。他边吃边聊起冯玉祥的许多奇闻轶事。据他说，冯是保定陆军军官学校最年轻的学员。义和团运动时，他就被外国传教士和中国基督徒们视死如归的勇气触动。

几年后，他到北京参加纽约人约翰·莫德博士（John R Mott）召集的传教复兴会议，纪念那些无畏的中国殉教者，并在会上正式入教。自此以后，基督教方面的人都管他叫"基督将军"。即便如此，冯玉祥仍是一位色彩斑斓的奇人。他所信仰的上帝，乃是《旧约》里的战神。他率领纪律严明的部下出征时，总是踏着基督教的进行曲前进。他还要求士兵读《圣经》，学唱赞歌，每天一早做祷告，不许他们抽烟、喝酒或赌博，禁止风尘女子住在总指挥部的附近。士兵们都必须学手艺，不打仗的时候，就去生产军鞋、军服和其他军用品。

一车人都在酣睡，只有我和斯坦福小伙两人还在聊。谈话中，漫漫长夜不知不觉流淌过去，眼见一轮无精打采的太阳在天边露头，宣告拂晓的来临。随着第一道玫瑰色的曙光破云而出，我们的火车开动了，继续南下。整个上午，列车都缓慢地穿行于广袤的农田。临近中午时，终于抵达了石家庄，一个重要的铁路枢纽站，同时也是一个煤城。

我急急跑到电报局，把电讯稿发了出去，心里清楚，这则电讯肯定会上全美各地报纸的头版头条。发完了电讯稿，又给《大陆报》的老法师发去了一封电报，让他转发来自国际新闻社的最新战事消息，以及有关约翰的情况。对我而言，只要是消息，多多益善，因为下一次有机会获得新闻，或找到电报局，不知要等到什么时候了。

冯玉祥全家福。他一向以朴素的面貌示人。

目睹豫军士兵被砍头

　　火车在石家庄停了许久，迟迟不发。只见铁路职员跑来跑去，显得异常忙碌。未几，有大队士兵在铁轨两边排开，那情景有些不太寻常。正在寻思着，突见这帮士兵登上了新挂上的两节车厢。

　　打听下来才知道，河南本地的豫军受张作霖和孙中山的煽动，突然宣布与吴佩孚为敌（译注：指河南督军赵倜及乃弟赵杰突然宣布反吴一事）。他们直取吴军的心脏，力争攻下防卫薄弱的大本营洛阳。这次上车的几百人原本是要赶赴长辛店增援那里的直军的，这下被迫留守河南，应对这突如其来的叛乱。

　　火车极可能无法穿过战区。豫军迥异于训练有素的吴佩孚、冯玉祥或张作霖军队，他们是臭名昭著的非法之徒，成群结队四处流窜，与土匪无异。小股部队有四五百人，大股部队可达一万之众。他们突袭富裕的村庄，绑架豪绅，蹂躏大户人家的妇女，劫掠乡村少女，打砸抢烧，无所不为。这些兵匪不分的流寇捣毁乡村传教点，绑架传教士。若遇到独在内地旅行的石油公司或烟草公司代表，就抓起来索取赎金。被绑架者或经数日惊恐后获释，或就此人间蒸发，下落成谜。

又过了几小时，火车进入了匪盗地盘。它在田间缓缓爬行，似乎在摸索着往前挪动，竭力避免引起注意。这种蜗行牛步的速度把我急得直跳，恨不得跃下车去推它一把，催促火车司机快点，再快点。

但急归急，也只能听天由命了。就这么在车上慢慢晃悠着，一直晃到下午。若不考虑眼前的危险，这旅程堪比乘火车穿越堪萨斯州的大草原，或行经法国南部静谧的巴比松镇。我终于渐渐松弛下来，随着火车有节奏的晃动小憩了片刻。恍惚中，似乎看到一群蓬头垢面的士兵挤在火车前方的铁轨旁。军服都不合身，但荷枪实弹，凶神恶煞。一惊之下，彻底醒了。

一分钟前，眼前还风光宁静，仿佛米勒（Millet）的风景画，一分钟后，这宁静便给土匪兵打破了。火车经过这群人时，他们朝车窗里探头探脑。坐在我对面的胖农妇见了，吓得"哎呀！哎呀！"地尖叫起来，一把拽住她丈夫蓝衣服的宽袖子，颤着手指着窗外。车厢里的其他人也跟着叫喊起来。

接着便是一声刺耳的摩擦声，火车紧急刹车了。惯性下，车身剧烈前冲晃动，似乎要冲出铁轨。与此同时，突听一声爆炸，震耳欲聋。尘土木屑横飞，窗玻璃也震碎了。乘客全都就地扑倒，与满地的包裹、行李箱及篮子错杂在一起，乱作一团。

前方的轨道被匪兵埋设的炸弹炸毁了。若不是火车及时刹住，车轮再朝前滚几圈的话，我们的火车就出轨了。之前我还在抱怨它开得太慢，没想到反而救了我们的命。面对突如其来的兵祸，惊慌失措的乘客纷纷从车窗和车门跳了出去。

好在救兵就在身边，才逃过一劫。这时才明白，从石家庄火车站登车的直军大兵就是为了护送列车穿越危险区域的。爆炸发生后，大兵迅速出动，掌控了局面。透过车窗，我目睹那些引爆炸弹的家伙钻进农田逃跑，被护车的直军追上，全部拿下。整个事件的发展大出匪兵的意料。首先，火车及时刹车，没有如他们预期那样四分五裂。其次，车上居然有荷枪

河南督军赵倜像
他的士兵拦截了作者乘坐的火车

实弹的大兵押送。因此，情急之下，便不顾一切地抱头鼠窜。

　　但最终还是未能逃脱，被一个个捉拿回来。一数，共有七个。他们全都军服褴褛，被扔在指挥官脚下。其中两个狂乱地求饶，不停在地上磕响头。一个面容清秀的少年兵吓得神经错乱，兀自歇斯底里地大笑。另四个则桀骜不驯，摆出一副誓与全民为敌的架势。那身材瘦削的指挥官二话不说，当场下令将七个豫军士兵斩首。他们依次被双手反剪，捆得结结实实，摁住了跪在地上。

　　阳光下，一道道银光闪过，一个接着一个的人头像球一样滚落在地上。每砍下一个头，人群便欢声大作。我不禁联想起被送上断头台的法国暴民。斩首行动结束后，砍下的人头被一个个捡起来，穿在竹竿的尖顶，高高竖起。之后的几个晚上，我反复梦见这些可怕的人头：他们一个个滴着血，在七根高高竖起的竹竿顶上对我咧嘴笑。耀眼的阳光下，仿佛是中国戏剧中诡异的脸谱道具。

就在我的眼皮底下，一个护车士兵扯掉了一具无头尸体的衣服，手举利刃，用力一刀下去，剜出心脏。然后一个接着一个地把七个死者的心脏全部剜了出来。中国人深信，但凡是勇士之心、狮子心或老虎心，吃了之后都会力量倍增。（几年后，我在华盛顿参加全美女记者俱乐部午餐会时，听一位美国的牧师说，他曾在中国内地亲眼看到一个国军军官剜出被当局枪决的犯人的心脏，吃了下去。）

我移开视线，见远处群山绵延起伏，便注目观览，免得再看那些砍下的人头。但愿青山绿树能驱除几分钟前看到的可怕图景。就在这时，我注意到从远处山脚到近处麦田，已经黑压压布满了豫军兵匪，正悄无声息地快速掩杀过来。逼近后，一起朝我们开火，子弹嗖嗖射向列车，射向目瞪口呆的乘客和护兵。

护兵们回过神后，马上投入战斗。乘客们有的逃回车厢，有的匍匐在铁轨上，有的藏身于另一边的路堤背后。一个列车服务员冲进车厢，拉下了布窗帘。以布帘挡子弹似乎匪夷所思，但当时并不觉得可笑。

"小姐，你最好趴在地板上。"他说的是洋泾浜英语，颇沉得住气，"吴府的门卫关照过我，要好好照顾您这位尊贵的外宾。"说着，扯开那位胖农妇的铺盖卷，拉出条毯子铺在地板上。我照他说的那样，平趴在上面，紧挨着那位胖农妇，吸着她呼出的浓烈大蒜臭。那列车员又将盒子、包裹还有我的行李箱堆在我们面前，做成一道屏障。子弹呼啸着穿过布帘，打在车厢框架上。他满不在乎，似乎那些子弹只不过是冰雹。

我却吓得不轻，脸埋在手臂里，身子蜷缩在地上，下巴颤抖个不停，完全控制不住。也不知过了多久，感觉就像几个小时，车厢里渐渐暗了下来。夜晚又会带来什么呢？白天的情况固然糟糕，但危险至少看得见摸得着。而黑暗中的危险更可怕，悄悄地降临，无声无息地出现，想到就毛骨悚然。

"别害怕！小姐！别怕！"列车员冷静地安慰道。他感觉到了我的恐惧与焦虑。"相信我，没事的，再打一阵子就完了。太阳马上出来了。"

突然，列车动了一下。交战到现在，火车一直停在原地不动，这下终于开始倒退了。躲在路堤后面的乘客见车要开，争先恐后地上了车。士兵们装好机关枪，甩到闷罐车厢里，也上了车。匪兵不敢追，站在田里目送我们离开。火车渐渐加速，一路倒退，到了一处旁轨，才停下将机车换到另一头，然后直奔石家庄。

我一直以为机车已在爆炸时损坏，所以动弹不得。现在看来并非如此，火车此刻正在隆隆前行。那为什么我们一直待着不动呢？这问题至今未获解答。

"好了，没事儿了。"列车员满脸笑容地宣布，然后拉开被子弹打得千疮百孔的窗帘。

（很多年之后，找和另外两位记者结伴到上海郊区采访淞沪抗战。相似的情况再度发生，让我想起这位拉下布窗帘来阻挡子弹的列车员。当时我们正在一辆敞篷车里，在毫无预警的情况下，路对面突然有子弹朝我们扫射过来。那位中国司机立刻停车，跳下来替车子拉起侧篷。我们怎么反对他都不听，让我们在弹雨中等着，直到把挡子弹的帆布篷上好了，才把车开走。）

绕了一圈，又退回原地。命运似乎铁了心，要把我拖在中国北方。经汉口返沪的计划再次泡汤了。

趁机采访了阎锡山

回到石家庄火车站，机车好比疲累的老马，因驱驰过度，瘫倒了无力前行。我抓紧机会，向纽约国际新闻社和《大陆报》分别发去电讯，报告了遭遇土匪袭击的事件。随后，我发觉自己被困在了石家庄，南下既已受阻，北上亦无望，因为无人知道火车什么时候才可以出发前往保定府，至少三四天内是没有指望了。同时，也无人知道南下的铁轨何时能修好，以俾列车再作汉口之行。至于直奉大战的最新消息，也没人能说出一鳞半爪。总之，我是坐困愁城了。

石家庄是重要交通枢纽，连接京汉铁路与正太铁路。正太铁路从石家庄通向太原，由法国人负责管理和运营。我一想，既然南下受阻，北上无望，何不趁着闲暇，深入内陆，搭上次晨往太原的火车，参观一下中国模范省份的首府呢？于是便成行了。失之东隅，收之桑榆，石家庄的僵局倒给了我机会，去采访山西的"模范省长"阎锡山。

1911 年中华民国成立时任命了首批省长，阎锡山是其中的一个。他到了 1922 年依旧在职，是硕果仅存的一个。（译注：阎锡山先任都督，后任督军，后兼任省长。外国人分不清其中区别，一概称之为省长，故

正太铁路石家庄站
宝爱莲从这里出发去太原采访阎锡山

有此说。）太原远在内地，从石家庄乘火车进去还要再走一天，却是中国为数不多的安靖之地。军阀阎锡山花费数百万美元修建道路，办学校，振兴工业，抵制鸦片。对这位足智多谋，在动荡的中国政坛长盛不衰的成功人物，我确实很想一睹真容。

火车从石家庄出发，蜿蜒穿过山西的葱茏山脉，一路来到太原。说到这，不免要赞一句那辆法国制造的小火车。它的机车运行平稳而顺畅，车厢干净舒适，嵌挂着法国风景照，座席柔软，装有弹簧，餐车里提供诱人的法国食物。这一切着实令人惊喜！而山西带给我的惊喜岂止这一件，后面还有惊喜连串而来呢。

一整天，火车都紧贴山腰而行，越爬越高。偌大个车厢里只有我一个人，奢侈得可以。我陷在软席里，享受着片刻的放松。不用乘坐难民火车，不必坐在硬木凳的边角，不再无尽地等待。这一切是多么的幸福啊。

到太原时已是黄昏，四周静谧而浪漫。晚星躲在高高的松树顶上，微风轻拂，吹散了多日来郁结在心头的阴霾，让我不再去想打仗、大屠杀和死亡。来到太原就仿佛来到另一个世界，这里没有刺耳的军号声，没有军队行进的踏步声，也没有供给车的隆隆声。

代表阎省长来迎接我的是他的外事秘书王先生，一个西化的中国绅士，身材消瘦，一身伦敦金融街款式的西装。接到我，马上领到一辆豪华轿车前。如此高规格的接待大出我的意料，因为我是今天早上才给阎省长发了电报，希望获得接见的。我自知要求提得太晚，本来没抱太大希望的，这下倒是喜出望外了。

王先生在车里对我说："今晚你好好休息。明天的安排是这样的，上午，阎省长会接见你。下午，我太太开车带你在太原城里转转。她是英国人。晚上，阎省长举行家宴，为你接风。你看如何？"

我当然高兴了。能在阎家大院与省长共进晚餐，夫复何求啊。

王先生是在英国受的教育，一口英语带着牛津腔，但对故土依旧是一往情深。车子穿过太原宽敞街道，但见处处漂亮干净，让他的自豪感油然而生，忍不住一再赞美山西省和太原市的进步。这不禁使我联想起对自己的城市心满意足的美国中产阶级。不久，车子就到了我下榻的饭店。饭店的风格既古雅，又西洋，颇具格调。我与他在门口道别，并表达了感谢。看来，此次赴晋的意外之旅，不仅有新闻价值，更有文化价值，使我对中国这个古老迷人的国度又增添了一分了解。

酒店侍应接过我的打字机和布满弹孔的破旧背包，领我穿过几条沁凉的长廊，来到一间宽敞、带独立庭院的套房。站在庭院里，我寻思，若是能在云石砌就的池塘边坐坐，看微风拂过竹林，听黄鹂啾啾晚唱，就算乾隆帝的香妃来了，也会迷醉不已，梦回自己的准噶尔故乡吧。不过，虽也想坐到月光下胡思乱想一番，奈何疲累一天，睡意已经袭来，见房间里一张巨大的老式铜床在向我召唤，还是先洗漱就寝了。

一夜无话。次日上午十时许，一辆汽车来饭店接上我，片刻不停地送到了阎省长的衙门。驶进大门后，才发现省长衙门庭院的规模好比公园。绿树掩映中，玫瑰色的院墙隐现，仿佛一幅陈旧绿缎作底的淳美刺绣。下车后，马上有人引我穿过敞阔的大厅，来到布置典雅的会客室，阎省长和王秘书已经在里头了。

王秘书见了我就笑着说："宝小姐，阎省长有点吃不准接待一位美国女记者该用啥规格，因为你是他接见的第一个女性外国记者。"

阎省长的个子中等偏高，身材壮实，宽脸膛，皮肤粗糙，下巴坚毅，双目警觉。他的态度格外热情，有些出乎我的意料。那天他套一件紫红色的呢绒马褂，内穿黑绸长衫，足蹬黑呢绒鞋，举止分外亲切和蔼。宾主互作介绍后，双方入座，谈话也切入正题。阎省长谈兴很足，听他说话，我渐渐抛开了拘束，不再分心于四周富丽堂皇的装饰，一门心思听他畅想如何使中国和平统一，并达至欣欣向荣。

他说："从我就任山西省长开始，便决心致力于全省的发展，而不是只顾着穷兵黩武。"他耗资数百万，推出一个宏伟计划，来重建和改造山西省。根据这计划，他在全省范围修路造桥，播种森林，创建学校和孤儿院，设立军人职校，让士兵学手艺自给自足。此外，他还在山西新设了法律、工程建筑及工商学院。他不无自豪地说："山西的孩子，八成都上了学。"他还从美国引进许多新的畜牧品种，特别是美丽奴羊。在该省干旱地区，他学习美国加州帝王谷的经验，进行开垦改造。他开辟了许多实验农场，从世界各国引进谷物和牧草进行试验性种植。他开挖了漫长的灌溉渠，引黄河水灌溉农田。

阎锡山还在山西全面禁赌。他说："所有赌博，一概明令禁止，连麻将也不许打。"但禁毒才是重中之重，尤其是针对吸食鸦片。凡种植鸦片或私贩金丸（吗啡片）者，一概处死。他说："这方面，但愿山西能像酵母一样，对全国起到潜移默化的作用。不过，中国这块面包实在太大了。"

阎锡山像

宝爱莲于直奉大战中抽空采访他时，他在太原坐山观虎斗，其实很有问鼎中原的野心。

阎夫人设宴招待

那天的晚宴是阎夫人出面请的，地点在阎府内宅的一个大堂里。阎夫人是老式妇女，待人亲切，穿一身黑罗衫裤，柔顺的长发在脑后绾个髻，插两根长长的玉簪固定住，显得格外的高贵。来客都是年轻的高官夫人，与女主人恰好形成对照，个个衣履华丽，珠光宝气，配上四墙淡绿色的湘绣壁挂、装饰精巧的圆窗以及红木框毛玻璃提灯，真是浑然一体，美轮美奂。宾客中还有两位法国妇女。王秘书的英国夫人替阎夫人翻译。

内宅里的餐厅不止一间，宴会选在其中一间举行。我见餐厅里头摆的是一张西式的圆形餐桌，不免担心大家会拘谨。结果证明我的担心是多余的，大家都吃得很开心，因为谈话一点不拘束，中文、法文和英文错杂着随便说。餐桌上铺着爱尔兰锦桌布，暗红色的高脚红酒杯塞着餐巾，被折成玫瑰、小鸟、宝塔等不同形状，煞是有趣。

见了这些折成不同花样的餐巾，不禁想起几周前在上海参加一个单身汉聚会时发生的趣事。那是我第一次看到餐巾可以折成这么多不同形状，听同去的人说，这是仆人头花了几小时才折出来的。拿起餐巾时，没想到里头竟传出啾啾的鸟叫，一打开，一只金丝雀从手中飞了出去。紧接着整张桌子都被唧唧啾啾的鸟啼声包围了，十二只小鸟一起飞到桌上，弄翻了蜡烛、鲜花和糖果盘。我们只好大笑着起身离席，回到书房里，等仆人将小鸟一只只抓住，重新布置好台面才坐回去。主人是一位在亚洲多年的男士，他十分镇静，耸耸肩大声说："镇定，镇定，没什么稀奇的，这可是在中国！"无疑，仆人头为使主人的生日过得特别，特意想出了这一招。

听了我的故事，阎夫人开心得大笑起来。她向我保证说，她的餐巾里可没藏金丝雀。

晚餐后，几个下人用长杆举着硕大无比的描花灯笼引路，带大家逛花园。阎府很大，花园一个接一个，让人目不暇接。天上一轮圆月低悬，光色皎洁，恰如莹莹白玉吊坠，穿透枝叶洒在地上，让人如陷幻境。夜色中，前面引路的下人身影似真似幻，我一路跟随，有种飘飘然的感觉。曲径的两旁是斜坡，长着遒劲的古松，我们默默而行，仿佛弯腰登顶去拜佛的朝圣者。再往前，是一座漂亮的拱桥，爬到桥顶看，下面是一泓碧玉般的清水，石岸边种满了垂柳。池边有小亭一座，曰金安亭。四边松、竹、梅俱在，构成一幅清丽脱俗的图画。我们在亭子里小憩片刻，在远处传来的奇异风笛声中，品尝下人端上的香片茶。这一切美好得无法形容，真希望能这么一直悠闲地呆下去。

茶歇后，大家起身沿曲径继续前行。经过一堵龙壁时，见有几尊巨大的石像沿墙站成一排，在月色下显得有些奇怪。阎夫人解释说，这些都是中国的历史名人。她略带羞怯道："这园子是含有深刻哲理的。"阎夫人是极富涵养的中国女性，我饶有兴致地听她解说中国的各种传统习俗，包括古往今来中国园林建造所采用的象征手法。

难忘的一晚终于结束了。我很不情愿地向阎夫人道了晚安，也向我梦想中的中国道了别。

我真舍不得离开太原，但是阎省长接到消息说，有一班火车明晚会从石家庄北上保定府，因为战争的形势发生了逆转，吴佩孚和冯玉祥的直

山西太原阎锡山都督府局部

作者在此受到阎锡山夫妇的热情款待

军已经击退了张作霖的奉军。我必须一早就离开太原，以便赶上那班车。回到酒店后，我写了一篇采访阎省长的电讯稿，并向国际新闻社通报了我后面的采访计划。毕竟我是有任务在身的。

　　而阎府那神奇的花园一直让我难以释怀。敲完键盘，我在卧室外的庭院里不停徘徊，回味当晚的种种。记得阎夫人提到，现在是"惊蛰"的时节，所以，她在花园入口处竖了个雕花的屏障，说是可以阻挡各路小鬼。这一切真的是太异想天开了，让我如何能忘怀呢？

　　而山西脚下那片华北平原却陷在纷乱的战火中，在那里，我又能扮演什么样的角色呢？

战后访吴佩孚与曹锟

回到保定火车站，发现安静得出奇。不见彩旗飘飘，不见盛装行进的军乐队，也不见将帽子抛到空中高唱凯旋曲的欢呼人群。若说直军及吴佩孚将军大获全胜，至少从车站看不出任何迹象。我粗浅的理解是，中国人一向痛恨打仗，历代先贤都认为干戈无益。对于百姓而言，战争令人痛恨，它打破了原本和谐宁静的生活节奏。军阀之间的混战本与他们无关，却只能眼睁睁地看着军阀们你方唱罢我登场，炫耀武力。这些武人本应该在先祖留下的土地上精耕细作，结果却穷兵黩武，兵戎相见。百姓对此无可奈何，只好说，当兵的都是一无所能的猪，只好替人送命讨口饭吃。真有本事的人是不会去打仗的。所以有俗话说"好铁不打钉，好男不当兵"。

正想着，突听有人在叫我："贵客，小姐！小姐！"听上去像吴府里的大丫头。循声一看，果然是她。原来，列车服务员自作主张，让人去吴府报了讯，说我又回来了，所以才有熟悉的马车和丫头们在等我。上车里一看，又是一阵惊喜，原来吴夫人、冰心和浮云都来了。

别后重逢，自有一番热闹。我们坐在摇晃的马车里，伴着铃声驶往吴

曹锟像

作者与他在保定有一面之缘，印象不佳。

府。整个小镇已恢复常态，满脸皱纹的店掌柜悠闲地坐在店门口抽着水烟。衣衫不整的野孩子们在集市里打闹，希望伺机偷根甘蔗、一块猪肉或者是卷心菜。穿绸子长衫的绅士要么领着小孙子，要么提着小鸟，在河岸边的柳荫下散步。这才是保定庆祝吴军胜利的方式。几周前笼罩着这座城的恐怖与惊慌都烟消云散了。气氛清新而平静，仿佛一场暴风雨刚刚过去。

吴夫人把别后发生的一切向我细细道来，一脸胜利的喜悦。原来，张作霖方面策划了一场阴谋，打算炸掉吴佩孚的战地指挥部。指挥部设在长辛店附近的一所农舍，奉军派人暗中埋下地雷，将农舍炸成了废墟。结果炸了白炸，吴佩孚并不在里头。原来，直军在奉军内部埋藏了奸细，早已获得情报并通知了吴佩孚，使他带着参谋人员及时撤离，逃过一劫。《大陆报》记者柯罗思也随他撤离，毫发无损。外界只知爆炸，所以才纷纷传说吴大师阵亡。等冯玉祥的常胜军赶到长辛店山脊后，直军攻势再起。冯军从侧翼袭击，吴军从正面猛攻，奉军不敌，节节败退，丢下不计其数的大炮、帐篷、军火弹药、粮草、马匹、无线电设备以及骆驼。这些都成了直军的战利品。

奉军一路退向天津，在离津几公里处，双方再大打一仗。奉军再败，退到长城以北。这一次，直军就此收手，没有继续追击。因为穷寇勿追，否则就没"涵养"了。再者，吴很明智，知道不要超过自己实力的极限。

我这次重回吴府，时局发生了天翻地覆的变化，心情分外愉悦。到达保定的次日，得知吴佩孚正在曹锟大帅衙门开会，便赶了过去。曹锟是北洋直系阵营的首领，得益于吴佩孚的大胜，在中国政坛一下变得炙手可热了。

曹锟衙门是现代化的半西式风格。我到时，见接待室里高朋满座。偌大的房间里，沿着墙壁整齐地排列着椅子、小桌以及搪瓷盘龙高脚痰盂。屋里的客人个个器宇轩昂，一望而知都身居要津。大家饮茶抽烟，促膝交谈，状甚亲切。自直奉大战收兵以来，全国各地的政客、求职者或骗子都搭火车赶来，保定府一下子成了中国的麦加，北京反倒被弃诸一边了。高山被移往莫哈默德，全世界的人都争相来敲吴佩孚的门。

我一到，立刻有人迎接，将我带进里间，吴将军随后走了进来。他那张脸变得枯瘦，布满深纹，明显是操劳过度，承受了重压。他谦虚地接受了我的祝贺，却依旧忧心忡忡，似乎战争胜利带给他的责任过于沉重。我们并排坐到一张法国沙发上。沙发的坐垫很硬，凳脚镶金。房间里的家具混合了中式和西式的，还摆放了许多不同时期、不同风格的时钟。

吴佩孚说："对于中国不得不经历战乱，我是万分难受的。目前看来，统一中国的障碍已经扫除掉一个了，但还有另一个障碍有待扫除。"

尽管他没有点名，但我知道他是分别指张作霖和孙中山。我问他："吴将军，那你会在短时间内出手扫除这些障碍吗？"

他坐着沉思片刻，然后坚定地说："是的。"听了这话，我意识到应该马上前往广州了。

"那北京呢？"我继续问。

"我不是外交官，"他道，"我是军人，我并不想去北京。统一中国是个艰巨的任务，我正在以军人的身份，在做我分内的事情。至于建立强大的中央政府方面，中国自有许多阅历丰富的杰出人才发挥作用。我倒是很赞同召回原来的国会，让黎元洪回来作总统，抵制日本对中国的干涉，遣散军队，让士兵们参与修路、防汛等工程，消灭土匪，归整中国内政，这样当外国人与我们进行商业往来时，我们能提供一个足够稳定的国家环境。"我心想，在1922年这样一个动乱的年代，要实现这个设想，真是困难重重啊。

说话间，曹锟大帅进来了，坐下参加会谈。他穿锦缎长衫，呢绒马褂，颇有喜庆色彩。他的样子非常警觉，鼻腔里咕噜咕噜作响。说起北京政府，他也表示应该请之前的国会重返北京，并让黎元洪重新回来任总统。这让我有些惊讶。说这话时，曹锟显得温文尔雅、和颜悦色，但那双眼半睁半闭，眼神鬼祟，不知内心里究竟在想什么。在北京时，我就听过传言，

黎元洪像

第一次直奉大战结束后，他被直系军阀抬出来，二度出任中华民国大总统。作者在天津采访了他。

说曹锟一直觊觎总统宝座，这会儿倒说要迎黎元洪回来。我们谈了几分钟，曹锟便起身说，要带我参观他的美丽花园。花园里奇花异草，怪石嶙峋。他站在一块细高扭曲、状似蜂窝的太湖石前，让我替他拍了张照片。

回去的路上，我坐在马车里，思绪转到黎元洪身上，心想，看来曹锟是要把他当成一枚卒子啊。几天后我在天津见到了黎元洪。他住在英租界一所西式巨宅里，里头有能坐 500 人的私家剧院。他经常大宴宾客，大唱堂会，在外国人中广结人缘。他甚至学跳舞，学溜冰。黎虽是迷人的绅士，却非政治家，上一次任总统时，完全无法处理好与军阀们的关系。因此，若冯妇再做，能否成功，令人怀疑。1912 年民国成立时，袁世凯任总统，黎元洪任副总统。但是袁世凯并不愿意与人分享荣耀，所以黎元洪实际上是一个被囚在北京的傀儡。袁世凯过世后，人们想起来还有一位副总统在，于是国会便推选黎为总统。但袁世凯一死，全国各地的军阀势力如雨后春笋般涌现，黎元洪对他们束手无策。军阀们反过来迫使黎元洪离职，并在 1918 年推举徐世昌为总统。现在，这帮军阀又要踢开徐世昌，改选黎元洪。这复杂的政治闹剧其实都是曹锟在幕后操纵。黎元洪这次的当选又能持续多久呢？但这已是后话了。

回到吴府时，电报局邮差正在等我，交给我一封纽约发来的电报：

华北的工作很出色，祝贺。对军阀们的采访令人满意。战事报道优异。请即往采访孙逸仙。经费及奖金将电汇至上海。

国新社

我真想把这封电报装裱起来。过往几周的忙碌，此刻都觉得值了。这是我从国新社获得的第二次奖励；头一次是奖励我对诺思克利夫勋爵（Lord Northcliffe）的独家采访。几个月前他来上海宣告废除英日合约时，给了我一个独家采访的机会。

我决定明早便启程往上海，然后南下广州。

吴佩孚的妻妾们

在吴府的最后一晚，内宅客厅里一片欢声笑语，麻将声响成一片，兴奋的谈笑声一直传到我房间。今天是吴夫人大宴宾客，我自然也在被请之列。四个丫头过来侍候我更衣，我迅速换上那件蓝色的雪纺连衣裙，匆匆赶了过去。这连衣裙本来沾满了泥污，我打算不要了，丢在保定吴府没带走。没想到大丫头将它精心清洗熨烫，让它重获了新生。

吴夫人打扮得艳丽异常，一身大红缎子衫裙，足蹬红底金花高跟鞋。鞋子出自乡村鞋匠之手，可能是他一生的巅峰之作，让到场的宾客看了都大为羡慕。

我一来便被请到吴夫人的麻将桌。另两个搭档是她的客人，其中一个是赵太太，另一个是活跃的小老太。我知道她们会下大注，牌技也远胜我，但也管不了那么多了。为了那篇成功的电讯稿，我仍处在飘飘然的状态，对一切都满不在乎了。那位小老太很活跃，嘴里一直喋喋不休。她对赵太太说："我在劝赵大人再讨个年轻漂亮的四姨太呢。"一边说着，一边打出一张红中。

赵太太见我震惊的样子，解释说："我们家里已经有三位夫人了，打麻将三缺一，所以要多娶一个。赵大人是个老派人，不让我们抛头露面。我们住在乡下，没什么机会出门。赵大人做梦都想着再添几个儿子，所以我想替他娶个四姨太。我会送新人一对雕花金手镯。有了年轻的新姨太，就有人和我们打麻将了，还有人每天给我敬早茶，帮我穿绣花针。再说了，我喜欢身边有个漂亮人儿在，看着也舒心不是。"说完，这位当了五十几年家长的老妇人愉快地笑了起来。

我也开心地笑了起来，道："是啊，三缺一嘛。"心想，赵先生真厉害，都已经七十几的人了。

赵太太身为大户人家的原配夫人，自有一种雍容自信。她替赵先生生了两个儿子，一个女儿，地位更加稳固。其中一个儿子在美国读书，家人在美国陪他。另一个儿子在上海，替父亲打理生意。二姨太生的都是女儿，全都出嫁了。三姨太则一无所出。

这些话，不知吴夫人听了会怎么想。我知道她是吴佩孚的二姨太，并非原配。但她全然不露声色，神态如常，不停地"吃"和"碰"她的麻将牌。

过去一年里，有三位夫人与吴佩孚一起住在吴府里。（译注——宝爱莲对吴佩孚婚姻生活的描述，许多与现有记载不符，请读者自己甄别）所有的老宅子，都会有一些浪漫的故事发生，但她们各自住在哪个院落，我一直没搞清楚，也就无从得知其中的故事了。吴佩孚年纪尚幼时，父母就替他讨了一个大娘子。和所有中国人一样，他一直想生个男孩，但原配的肚子一直没动静。他驻扎山东时，遇上了现在的吴夫人张佩兰，坠入爱河。张佩兰随后嫁入吴家，成为了最受宠的二姨太。大太太心生嫉妒，抱恙在床。她见二姨太也未能替吴家添丁，便计上心来，找来一位身体强健的村姑，嫁给吴佩孚作三姨太。

大太太的初衷，是希望三姨太爱花与二姨太张佩兰争宠，夺走吴佩孚的爱。但是二姨太不是一个轻易被甩开的人。她原本性格刚毅，加上真心爱吴，所以抵挡住了村姑的进攻。而此时，大太太已经疲于这种争斗，闹剧终于落下了帷幕。这位年长多病的妇女开始寄情鸦片床，在麻醉中求慰藉。二太太开始在家中主事，权势日益膨胀。她劝说吴佩孚收养了亲戚的两个遗孤，悉心照料，视他们如己出。

去年底，多病的大太太终于离世。吴家厚葬之。与此同时，三姨太被逐出家门。张佩兰在家中获得了至高地位。以我对女性的了解，她是绝不会允许再有其他女人与自己争宠的。

有传言说，吴佩孚打败张作霖后，曹锟原打算将一个名伶送给吴佩孚作妾，被吴谢绝了。不知为了维护后院的太平，还是怕她是奸细。多年来，不止一位政要因宠妾或妓女的背叛，导致秘密遭泄露而落马。

几个小时过去了，那老太太依旧不知疲倦，玩了一圈接着一圈。结束时，大家数了数筹码，我居然还赢了一些钱。不知吴夫人是使了什么手段，才让我避免了落花流水的下场。

牌局结束了，我在吴府内院的美好日子也终于要结束了。与这些中国朋友分手，令我非常不舍，但风云变幻的南方正向我发出召唤。几天后，吴夫人将动身前往洛阳的别墅，我则要取道天津，搭船回上海，然后赴广东，并希望利用在津的几小时，抓紧采访可能再次登上总统高位的黎元洪。因此，现在分手正是时候。

宋美龄鼓励我南下广东

从天津到上海的航程一路平静。头一晚，月光满天，照亮了黑沉沉的海面，在船甲板涂上一层银色，整个世界变得宁馨。过去几周，我连续处在高压下，一根弦绷得紧紧的，这下终于放松下来。战争带来的混乱和悲剧，都被抛诸脑后了。旅途中每过一天，我内心的平静就增加一分。大部分时间都在昏睡，醒来时，就回忆一些开心的事，常常突如其来就想起吴佩孚说的话："要统一中国，还有第二个障碍要扫除。"这话的意思，自然是针对孙中山的。因此，我预感到广东的日子可能不会如想象般的平静。这次在上海只是小住，是个短暂的序曲，随之而来的，必将是南方一连串激动人心的战事。

几天后，船到黄浦江，随着早潮驶入上海外滩。约翰和一群朋友在外滩码头迎接我，见了他们，甚是开心。《大陆报》的那位老前辈也在里头，对我的内陆冒险之旅表现出极大的兴趣，再也不像过去那样，一副漠不关心或是百般挑剔的样子了。

回沪后的第一顿午餐是在美国领事馆享用的，是总领事康宁汉的夫人萝达·康宁汉出面请的客。她推荐我吃那里的特色咖喱套餐，里头有咖

宋氏三姊妹早期合影

喱鸡和柚子沙拉。餐后甜点是印度甜食"古拉马拉卡",吃的时候要浇上新鲜的椰奶和糖浆。

让我惊喜的是,宋美龄也在午餐会的来宾之中。我们迅速用完餐,马上一起溜到房间的一角,开始讨论起中国的政治形势。宋小姐问了我对北方军阀们的印象,很担心我对他们产生什么不该有的好感。她不厌其烦地向我解释了南方政府的意图,态度非常恳切。我敢说,我对现代中国的所有认识,都是基于宋美龄替我奠定的基础。她真是热情如火,极度爱国,对中国抱有无限美好的信念。她的热忱深深地打动了我,使我产生了强烈的共鸣,开始检视那股推动中国前进的潜在力量,也开始理解在这片土地上现阶段混乱的局面是不可避免的,因为由旧政权向新制度过渡时，总是要通过斗争才能实现。

我对她说，已经作了安排，第二天就要出发去广州。她听了十分高兴。她和我有同感，觉得南方正在酝酿危机，因此期望我可以和孙中山作一番彻谈，并与她姐姐孙夫人一唔，全面了解国民党人的奋斗目标，并将其介绍给美国人民。她提醒我说，陈友仁已经到达广州，可以让他安排会见孙中山和伍廷芳。

次日，约翰将我送上了一艘小型沿海轮船"苏州号"。一路的心情是愉快的，觉得采访孙博士和伍博士的任务一定能顺利完成，这样的话，三周内就可以回到上海了。我又怎能料到，事实与我的预想竟产生了如此巨大的出入，我被羁绊在广州，过了整个夏天，入秋以后方能回到上海。我更没想到，孙中山会被迫逃亡，躲到一艘炮艇上；伍廷芳会忧愤成疾，最终离世。而最最没想到的是，我本人会遭遇九死一生的危难。

乘坐这艘"苏州号"，是因为《大陆报》老前辈的推荐。他说这艘沿海汽船十分浪漫，沿途停靠的港口都很古老，有历史意义，例如宁波、福州、厦门、汕头等。"要是碰上霉运的话，说不定就会遇上今年的首场台风，被刮到某个海岛上，遭遇海难。甚至可能遇上大亚湾来的海盗，被劫掠一番，很刺激。"他说。那些可以横渡太平洋的大型轮船固然安全与奢华，但鲜有冒险的机会。经他这么忽悠，我才登上了这艘满载着绵羊、山羊和银条的小汽船，成为头等舱的八名乘客之一。

日复一日，船上的生活无一天不美好。蓝天上万里无云。飞鱼跃出波光粼粼的蔚蓝海面。远处的小岛都那么迷人，像仙女的居所。相遇的货船都雕龙画凤，徐徐飘过。这一切让我心情大畅。而愈往南，旅途愈迷人，其中的韵味真是难以言表，不由让我想起康拉德、毛姆、迈克菲和曼斯菲尔德的小说。我从竹书框里搬出个油布包，打开来，里头全是他们的书，取一册在手，不时翻阅一下，享受书中奇妙的故事。但更多的时候则是靠在躺椅上，书本半阖，陶醉在周围的美景里。

沿途停靠的每一个港口，都平和幸福，散发出诱人魅力，与北方的简陋与严酷形成了鲜明的对照。在北方，满眼所见都是连片的高粱和小米，极其单调。这里则换成了层层梯田，妇女们在此播稻秧，种茶树，建果园，橘子香混合了茉莉和玫瑰香。在北方，道上走的都是独轮车，把路面碾得车辙累累。这里则不见这种景象，满街都是瘦小黧黑的轿夫，抬着轿子晃晃悠悠走过。

北方人长相粗犷、肩膀宽大，头脑也简单。他们更适应过苦日子，譬如当兵，抗洪抗旱等，自然也适应与灾害伴生的大饥荒；而南方人大多瘦小，充满诗情画意，心思缜密，热爱富贵和精致的生活。但他们的性情又很激烈，所以，广州有时被称为中国的热点。

船上的日子在慵懒中一天天流逝。餐厅中间是张大餐桌，这里既是餐厅，也兼做客厅、酒吧和吸烟室。每到中午，大家就围坐一起，喝咖啡，嚼芝士，听船长讲多年海上生活中遇到的冒险故事。尽管大家无所不谈，却从不涉及中国当前面临的政治问题，或这些问题的解决之道。每个人都津津乐道于海盗、走私、猎虎、台风、名媛、大亚湾的女海盗头子等话题，也探讨一些番摊赌博的诀窍。

除了船长是故事大王不说，头等舱的客人个个善讲故事。他们中间，一个是福州来的鉴茶师，一个是可爱的意大利人（我估摸他打算向南方政府推销武器、军需品和飞机），一个是厦门来的英国银行家，他们的故事都引人入胜。其余客人中，一位是广州来的标准石油公司职员；一位是神秘兮兮的法国男人，总是把话题从自己身上引开，对自己过去、现在和将来的任何事情都避而不谈；一位是天下生意无所不做的巴格达商人（他买卖的商品既有豆油，也有蕾丝带，甚至还有罩发网）。这几位也大讲发生在中国海域的各种故事，其中许多内容，是特写报道的好材料。

一天晚上，船长兴致勃勃地说起三个月前发生的一宗汽船被劫事件。讲完后我问他："我们船上有什么珍宝吗？"船长是个苏格兰人，长一张大红脸庞，已经在中国海域航行了近三十年。他望着我，轻描淡写道：

本书作者宝丽莲入住的广州沙面维多利亚饭店。现在是广州胜利宾馆老楼。

"有那么一点点吧。"

我后来发现，所谓"一点点"的珍宝，指的是船舱里运载的银条，价值竟高达两百万美元。知道了底细后，我变得神经过敏起来，口岸外每遇一艘中国渔船，都怀疑是海盗船。船上每见一个衣衫褴褛的苦力朝货舱一瞥，就怀疑要打劫。其实我完全是多虑，为了保护这票银条，船上增配了大量印度锡克警察。这些人身材高大，穿褐制服、包鲜红头巾，夜以继日地来回巡逻，安全得很。

拂晓时，船终于抵达广州，我站在甲板上等待这一刻的到来。之前的夜晚，我们从香港出发，逆珠江而上。曙光初露时，我就迫不及待地跑到甲板上，期待第一时间看到这座浪漫的古城。船停靠在租界沙面岛的码头。下了船，我便前往事先预订的维多利亚酒店。

陷身陈炯明叛乱

次日清晨，我是被大炮的轰隆声吵醒的。

从沙面岛这座老派英式酒店里，可以清晰听到大炮的低沉轰鸣，和机关枪的"嗒嗒"声。从窗户望出去，广州城好几个方向都弥漫着硝烟和火光。通红的天空中，日头慢慢升起。

抵达广州刚满二十四小时，却已收获颇丰了。前一天下午，我采访了南方政府的总理伍廷芳。他曾两次出任中华民国驻华盛顿大使，资格很老。我还同时采访了外交部长陈友仁。采访的地点是在广东省政府里，因为伍廷芳的居所和办公室都在那里。会谈在客厅举行，里头的布置是欧式的，富丽堂皇，相当宽敞。主人招待我喝冰茶，这是中国特有的饮料，很不寻常。谈话时，并没说起南方政府正面临什么迫在眉睫的危险，只告诉我已经安排好第二天（也就是今天）让我采访孙中山先生。一切看似正常。

只一夜功夫，就起了戏剧性的变化。起床后，我匆匆穿戴整齐，下到酒店大堂，却发现气氛不对。一大群客人已经聚在那儿，都显得茫然。酒店经理忙着给他们递茶送水，见了我解释说，出大事儿了，今晨一早，广东省长，曾经是孙中山忠实拥趸的陈炯明将军发动了兵变，攻陷了广

左：陈友仁像

　　他是特立尼达华侨，不会中文，当时任孙中山的英文秘书，是国民党内左派。宝爱莲经他安排见到了伍廷芳。

右：伍廷芳夫妇设家宴招待外国友人

　　本文作者见他时，他任南方政府的外交总长。

州各要塞。他的军队已经控制了全城。孙中山逃出了总统府，据说目前已退避到珠江的一艘炮艇上。而孙夫人宋庆龄则不知所踪。

经了解，总统府受到炮轰，燃起熊熊烈焰。财政部大楼被洗劫一空。我和伍廷芳博士一起喝过茶的省政府，也被火焰吞噬了。控制广州城的陈炯明部下大约有两万五千人。孙中山的军队已经在北伐路上，去讨伐北方军阀，因此广州几乎等于不设防。我眼前不禁浮现出吴佩孚细瘦的身影，觉得这次推翻广州政府的行动，和他有千丝万缕的关系。他在保定的直军总指挥部曾说过，统一中国的"第二个障碍也必须扫除"，矛头直指孙中山。这次叛乱看似孙中山部下发起的，实际当是吴佩孚策划的结果。

一个声音打断了我的回忆。等在大堂里的一个围巾采购商怒冲冲吼道："这下倒好，我们赶上内战了。"

事不宜迟，我赶紧草草拟就一份长篇电讯稿，准备发给国际新闻社，及时报道此事。电报局位于广州旧城区的中心，在英租界沙面岛对面，与沙面隔一座桥，正是战火最激烈的地方。如何去那儿发电报，是件令我犯愁的事，酒店外找不到一辆人力车，门童也不愿陪我去，出再多小费也徒然。我不禁陷入了绝望之中。陈炯明发动叛乱这一天，我正巧是身处广州的唯一外国记者。一个千载难逢的独家新闻自动送上门来，难道就这么推掉不要吗？

正当我愁肠百结时，大堂里走进一位高身量、宽肩膀的帅小伙。我一眼认出他是上海来的安德森（Paul M. Anderson），大喜过望。安德森是上海尽人皆知的年轻商人，大家都亲切地称他"安迪"。他受公司派遣，正在中国南方出公差，兵荒马乱中让我撞上了。听说我要冒着枪林弹雨进广州城发电报，他觉得很对胃口。于是我们一拍即合，结伴出发了。

穿过沙面桥，就离开了遍布外国领事馆和洋房的美丽沙面岛，进入了广州城区。这时才明白自己的行为是多么的危险。广州城里的大街上，每个街角都有陈炯明的大兵在驻守，这些兵士衣衫褴褛，眼神轻浮，身

陈炯明像

材矮矬。我从来没被北方兵吓到过，但这些板着脸、脏乱不堪、满不在乎地把玩枪支的士兵却着实吓到了我。我知道这帮人军纪散漫，之前已经连续好几个月在广东各地制造过恐怖，实在不敢招惹他们。安迪也有同感，连忙带着我绕道而行。我们离开现代化的宽阔主干道，专挑狭窄湿热的后街小巷穿行。有时要躲到转角处，等一群士兵过去后再继续走。一路上，但见家家户户的大门都上了闩，加了锁。条条街道都如沙漠一般，空无一人。只偶尔看到制服破烂的士兵走过，以及东一具、西一具的死尸。

　　一路提心吊胆，总算来到了电报局。大门口有警察站岗，但没有阻拦我们。进去一看，发报员个个面色阴沉，一言不发，倒是收下了我递进去的电报。见真的可以如愿发出电讯稿了，我不禁激动万分。高兴完了之后，不得不又回到内战的现实中来。我和安迪出到电报局门口，站在那儿犹豫不决，实在鼓不起勇气重新回到街道上。就在这当口，身后发

1920 年代的沙面岛全景，当时它是英国租界。

出一声惊天动地的巨响，地动山摇。接着又是一声。共两枚炮弹落在电报局大厅。电报局建筑一下塌掉一大块。

"快跑！"安迪大吼一声。

我们闪电般地冲到街上。那条街很窄，两边伸出的五颜六色店招几乎触到一起。脚下的青石板冒出热气，蒸腾到草席搭的凉棚上，凝成水珠，滴滴答答往下淌。突然，一队士兵出现在街道的尽头，架起了机关枪。我们一惊，转身朝反方向跑去，没想到却有敌方士兵出现，堵住了街道的另一头，也摆好了机关枪。

见此情景，我们只能再次调头，但已经太晚，无路可逃了。两边的机关枪开始嗒嗒对射，我们一头扎到地上，紧贴着一家店面的门板躺平。也不知过了多久，交火暂时停歇了，心想，难道这一仗打完了？谁知并没完，只是陈炯明的部队在等援兵。未几，援兵赶到了。叛军开始顺街道向孙中山的部队掩杀过去。他们个个横眉竖目，对我们这两个外国人完全不加理睬，全神贯注于刚才袭击他们的孙中山部下。孙部不敌，败退下去，我看见两个士兵被击中倒地，一个压着一个。

经历了这场险境，内心也翻江倒海。回想起来，身陷巷战时，并不觉得此事与自己相关，还是抱着旁观者的心态，仿佛在安全地观看一出激动人心的活剧。我没想到死，没想到永恒，只忙着留意现场的一幕幕。

大约几小时后，这片城区的战火才停止。我和安迪一直等到这时候，才重新出发。还是怕走大路，一想起那些竖着枪、目光淫邪的匪兵就不寒而栗。所以仍旧穿小巷，从一个拐角溜到另一拐角。路上经过一个街边小庙，庙门狭窄，我们挤了进去，想歇歇脚，见里头供一尊色彩绚丽的弥勒佛，笑得无忧无虑，面前摆满了微焰闪烁的蜡烛。歇好了，又出发，很少慢行，总是拔腿狂奔，一路听子弹在耳边嗖嗖飞过。最后，有惊无险，终于安全通过了沙面桥，回到沙面，回到安全地带。

但内心还是有东西放不下。刚才发出的电报，对方到底能不能收到？

幸运的是，当天上午，沙面岛上也新开办了一家电报局。因为吃不准先前那封电报有没有在广州电报局炸毁前发出去，干脆又写了一篇孙中山被推翻的电讯稿，重新拍发。

两天后，国新社的回电来了，告诉我第一封电报已成功收到。在全球范围内，国新社最先报道了孙中山及南方政府垮台的独家新闻，比其他新闻机构抢先了足足二十四小时。这下，我真是鸿运当头啊。

接下来的几天，路透社的记者赶来了，驻远东地区的其他欧美记者也纷纷前来。盛夏终于来临，广东的内战却一时看不到尽头。

1920 年代的沙面桥

陈炯明叛乱时，本书作者宝丽莲穿过这座桥，去广州市中心发电讯稿。

左上：随孙中山受难的宋庆龄
左下：随孙中山受难的宋庆龄
右：　少女时代的宋庆龄

珠江上采访孙中山

面对乱局，沙面岛的外国居民焦虑日甚一日。因各种迹象显示未来还会有战事发生，各家都把妇孺送往香港暂避。沙面市政府考虑到事态严重，给岛上外国男丁每人配发了一把枪和五十发子弹，供防身用。自动乱发生以来，中外人士已将价值数十万美元的贵重财物从广州市区紧急运到沙面岛存放。对那些军纪涣散、趁乱打劫的大兵而言，这些财宝是极大的诱惑，这又进一步增加了沙面岛遭攻击的危险。为了预防突然袭击，沙面市政厅专门制定了防守措施，其中规定，遭遇攻击时，必须敲响教堂大钟，燃放火箭等作为警报。并在岛的四周竖立巨幅告示牌：

沙面市政厅告示

各位市民注意，一旦警报响起，所有的非战斗人员必须立刻前往英国领事馆集合。妇女和儿童则集中到新A.P公司大楼（前德国领事馆）。

切切此布

沙面市政厅启

但我更关心如何采访到孙中山，倒不太在乎这一轮轮的警告。据报，他目前躲在一艘军舰上，泊于黄埔岛附近的珠江，离广州约十五英里。因战事未结束，所有小船都不得靠近江上的军舰，因此，美国领事馆不赞同我冒险前往。

而采访孙中山却是非完成不可的任务。只是如何做到，颇费思量。重赏之下必有勇夫，大笔打点了客房服务生后，他果然说，倒是有个远亲在孙中山的舰上服役，可以安排带我上船。

出发的时间选在一个凌晨，比日出早一小时。我跟着客房服务生悄悄地溜出维多利亚酒店，来到沙面岛岸边。天色尚黑，昏黄路灯射在江面，光色诡异，望之悚然。水边已有一艘摩托艇在等，上头立着位年轻军官。一登上船，摩托艇便带我顺珠江而下，直奔黄埔海军基地。那里停泊着南方政府的七艘军舰。我知道这一路存在着太多的未知数，很可能被人截停，遭到盘问，被遣返，被抓捕，甚至遭到炮击，但机会难得，必须牢牢抓住，容不得错过。他们说孙中山就在其中的一艘军舰上。就算是真的，最后会允许我上船去采访他吗？我还是不得而知。

摩托艇徐徐前行，以避免暴露行迹。岸上灯火时有时无，隐约勾勒出壮丽的沿岸建筑群（当然，现代化的建筑立面背后，还是广州的旧城区）。不久，模模糊糊地看到了无数舢板、渔船和游艇的轮廓。我知道船已到达珠江上巨大的水上城市。这一带水域聚集停靠着无数船只，前后绵延数英里，居住着大约四十万中国人。他们看似沉睡着，实际却保持着清醒。

突然，摩托艇紧急掉头，钻到一艘舢板与一艘运盐的驳船之间的空隙，关掉了马达。原来是正巧有一艘陈炯明军的巡逻艇经过。等它远去后，我们继续前行。尽管摩托艇的引擎被层层蒙住，它发出的"噗噗噗"声还是能听到，在寂静的夜空回荡。我总觉得粤军的每个士兵都能听到这噪音。

天终于破晓，晨曦驱散了黑暗，照亮了四周的旷野。一眼望去，可看到相邻而建的农舍，高耸的香蕉树，低垂的杨柳，很有诗情画意。稻田连片，

沙面滨江公园初建成时

一直延伸到远处的青山。山谷之间，有河水流淌。远处的白云山在旭日照耀下，披上了五彩云霞。群山沐浴在金色晨光中，显得和平快乐。

正欣赏日出时，远处突然传来"砰砰砰"的大炮声，破坏了这新一天的美好。声音仿佛是一群巨人在山上打保龄球。来接我的那位年轻的军官变得格外兴奋，高声道："孙逸仙的部队开始攻打陈炯明的山头阵地了。"摩托艇开始加速前进。忽然间，没有任何预先警示，一梭子弹朝我们扫射过来。向导和军官本能地卧倒在船底。倒下时，根本不朝两旁看。我也跟着趴下，但就像《圣经》里罗德的妻子一样，忍不住偷瞥了眼身后。

朝我们开枪的是一艘舢板，满载着士兵，正向我们冲来。头领脸上有疤，辫子缠在脑袋上，打着手势大呼小叫。我们的船夫并不慌，一脸若

作者采访孙中山一年后（1923），孙中山回到永丰舰，在主炮前与官兵合影纪念蒙难一周年。

无其事的样子，放缓了船速。他转过脸向年轻军官寻求指令。军官什么也不说，只点了点头，船夫一看，心领神会，突然开足马力，摩托艇以惊人的速度射了出去。舢板上的大兵破口大骂，子弹连串射了过来，耳边再次充满了嗖嗖声。船再快，到底跑不过子弹。船夫不幸被打中，猛抽一口气，扑通朝前倒下，裸露的手臂上鲜血直流。

这一切来得太快，大家一时来不及反应。摩托艇失去控制，朝一边猛烈倾斜，正好又有一股激流涌来，将船拍向岸边的沙滩。出于本能反应，我一把抓住船的方向盘，猛地调转方向，让船顺流而下。因转得太急，几乎翻船。但要不是这么做，此刻我们已经冲到沙滩上了。江上有一艘搁浅的英国小火轮，船体已被礁石撞破了，就是前车之鉴。后面的追兵又开了几枪，奈何船速太慢，赶不上我们，威胁算是解除了。但珠江的暗流让我提心吊胆，只能凭水的颜色和感觉来选择水道。

那广东籍的军官和向导抓紧时机，帮受伤的船夫处理伤口。他们用手帕和筷子做成临时绑带，终于止住了出血。然后举起茶壶往船夫喉咙里灌进几口热茶，又拿浸过茶水的手巾拍打他的脸。忙碌了一阵，终于见效，船夫恢复了知觉，又坐回到方向盘前。他对这片水域十分熟悉，驾船经验老道。在他的指挥下，我们走之字形航线，一会儿靠岸走，一会儿又切斜线直冲水域的中央。他们原本都不知道我会开摩托艇，见我突然亮出这一手，不免连连惊叹，赞誉有加，搞得我飘飘然了。

摩托艇加快速度，犁开江波，在船后留下长长一条白练。此情此景，不由使我回想起在加利福尼亚的暑假生活。我姐夫是个摩托艇迷，有一阵子连续参加各种赛艇活动。他的两个孩子还被他的银奖杯磕断过门牙。我受他影响，也爱上了这项运动。此时此刻，我脑海中闪过在圣巴巴拉、卡特琳娜及恩塞纳达港那些驾艇畅游的快乐假日。但那时从没想过有一天，在遥远的中国，我对摩托艇的粗浅知识会救了我们一命。

终于，前方水域隐约出现七艘灰蓝色的军舰。每艘军舰的烟囱都在冒烟，炮衣褪去，做好了战斗准备。摩托艇上那年轻军官让水手在船头系上一面巨大的美国国旗，然后拿起个扩音器，开始朝其中一艘军舰喊话。他与舰上的军官用广东话反复对话，持续了至少半小时。原以为孙中山是在那艘军舰上，说到后来才发现不是。我在一边已经开始不耐烦了。

于是继续前行，驶到另一艘战舰前。经过又一轮的反复对话，终于确认孙中山正在这艘军舰上。那广东籍军官拿上我的名片和各种证明材料，攀上军舰。没过多久，他回到摩托艇上说，孙中山同意让我上船了。

见问题终于解决，我大大松了一口气。但且慢，怎么上到军舰上又是个难题，因为没有跳板，甚至没有飞行员用的那种绳梯。舰壁上倒是焊着一个个铁环，供人手脚并用地攀爬。站在晃动的摩托艇朝上看，顿觉灰色的船舷高不可攀，心头不由得揪紧了。如果我是好莱坞明星夏洛特·格林伍德，就会很喜欢这场景，习惯性地说一声"再见，莱蒂"，然后若无其事抓着圆环一个个爬上去。可惜我没她这么神奇，鼓足勇气后，才颤颤巍巍地伸手抓住一个铁环。因为一下找不到落脚处，吓得魂飞魄散。这时，头顶上传来一个热情的声音："怎么是你啊，宝小姐。你可好吗，来来来，我来帮你。"

说来真令人难以置信，说这话的，竟然是我的同事李先生！原来，他辞去了《大陆报》的工作，南下投入了孙中山阵营。经他出手相助，我终于登上了军舰的甲板。望着眼前这位疲惫不堪、军服破烂的军官，我几乎不敢相认。想当初在《大陆报》时，这位年轻的中国记者总是西装笔挺，衣领纽孔上插着鲜花，持着手杖，风流倜傥。现在竟成了这副样子。

李先生将我领到孙中山的舱室。里头置张正方形的柚木桌，孙中山正伏案工作。他见我进来，请我坐到对面。案头上堆满了各种文字材料。此时的孙中山正身处叛军包围中，面对巨大的人身危险，却镇定自若继续写作，向中国人民阐明他的思想。几年之后，他所写的内容，经不断丰富提升，为中华民族带来新的理论，即我们今日所知的三民主义。他的学说部分继承了林肯"民有、民治与民享"的理论。

船舱里很挤迫，闷热异常。一个勤务兵站在我椅子后面，拿一把巨大的紫红鹅毛扇，替我不停扇风。孙中山对我缓缓说："请告诉我的美国朋友们，我是在为实现正义、人道和民主而斗争。这是我做人的原则，已经为之奋斗了多年，并将继续为之奋斗，直至死亡。"说这话时，他浓眉下的双眼发出炽热的光芒，但很快，这股热情又迅速化成忧伤，而这忧伤的表情如今已成了他的标志。他的嘴唇两旁刻着深纹，头发和胡子灰白，修剪得很短。上身穿件深色的丝质外套，正中开襟，扣子从领口往下排列，下身穿条宽大的裤子。

采访中，孙中山向我叙说了他的生平。他早年生活动荡不定，历经各种磨难，流亡海外，死里逃生。最近又遭遇叛乱，连夜从总统府仓皇出逃。（译注——宝爱莲对叛军进攻总统府的描述，与当下记载多有不符，请读者注意甄别。）根据孙中山的描述，他与夫人是半夜里被总统府门口的枪声惊醒的。危急中，他在一名卫士护送下逃了出来。卫队的其他人则留下保卫孙夫人，并护送她至安全处。孙中山躲开叛军后，一路逃到珠江上的一艘军舰上。幸运的是，海军一直保持对他的效忠。就在他逃离的那一刻，整个总统府已经陷入了火海。（我事后得知，为了替孙夫人打开一条撤退的路线，卫队许多士兵当场战死。孙夫人最后是换上粗劣的农妇衣服，才趁乱逃脱的。）

孙中山说到一半，进来了一位中等身高、体型瘦削的年轻军官，向孙中山请示什么事情。我留神看，见此人肤色略深而干净，目光沉着敏锐，留一抹修得很短的唇髭，透着某种大胆的帅气；但观其行止，并没有任何虚浮、欲讨女人欢心的意味，只自然流露出充足的男子气及桀骜不驯的力量。感觉上，他应该很果断，有决策力，行动迅速，毫不动摇。他与孙中山谈完后，朝我不太自然地略微躬身致意，又行了个军礼，才转身离开。此人不是别人，正是蒋介石。当时，他是国民军的军官，也是孙中山的忠实门徒。经历了几年的剧烈震荡后，最终擢升为中国国民革命军的总司令。

对蒋介石而言，最近这几个月可谓漫长而难熬。但他从孙中山身上学

蒋介石像
本书作者一再说他长得帅，有男子气。这两张照片或可印证。

会了如何于逆境中忍耐，于质疑中坚持；如何鼓足勇气，绝不认输；如何爱国先于爱己。更学到了孙中山多年积累的体会，正是得益于这些积累，才使孙中山屡屡受挫，屡屡再起，非常人可比。面对此次挫败，孙中山从未有丝毫气馁。在目前的乱象里，只有孙中山还能平心静气地继续构想一个统一的、现代化的中国；也只有他，还敢畅谈雄心，要建立一个能媲美昔日伟大的未来中国。

采访弥留中的伍廷芳

几天后，我得知伍廷芳博士病重了，赶去探望。

伍廷芳时任南方国民政府的总理（译者注——伍廷芳应为外交总长。另，以下交代与当前记载亦有出入，请读者自行辨析），真诚爱国，广受尊敬。满洲政府垮台前，他曾任朝廷派驻美国的大使，为西奥多·罗斯福总统的好友。因才智过人，在外交圈颇负盛名。

他这时已迁往广州基督教学院的一位中国教授家，极度虚弱，穿件绸马褂，上面织个大大的"寿"子。年已八十的他确实高寿，却已渐近寿终了。过去几天的疾风骤雨，使这位年迈的爱国老人难以承受。叛乱发生的首日，他在天亮时被突如其来的袭击惊醒，见一群叛军冲进花园和庭院不由分说放起火来，眼睁睁看着烟雾火苗吞噬了住所。他想要逃离，叛军却不让。快放弃希望时，事情却有了转机，一辆插着白旗、踏板上站满叛军卫兵的汽车开进了院子。原来车子是陈炯明派来接他的。根据陈的指示，卫兵匆匆将他扶进汽车，护送他穿城来到安全的地方。

我只与他交谈了几分钟，问他："你有什么话要告诉远在美国的朋友们吗？我可以在电讯稿里转达。"

伍廷芳像
他是中国最早一批西化人士，但永远穿长衫马褂。

　　他点点头，断断续续道："请告诉我在美国的朋友们，对中华民国还是要抱长远的眼光，不能操之过急。千里之行始于足下，前路多艰，因为万事开头难，但宪政终究会胜利，中国也必将走向真正的共和，而非徒具共和之名。这可能非一朝一夕能见效，但最终一定能够实现。"他停顿了一会儿，继续说道："一军之将或可败，但一个发展进步中的正确思想，则永远不败。军阀分子永远不可能廓清共和国之父孙中山的理论。孙博士的思想必将长存。"

　　听伍廷芳这么说时，我不禁想起之前收到的电报指示，让我继续采访张作霖、徐世昌、吴佩孚、孙逸仙、伍廷芳等几人。采访完这位老人，我的任务就算全部完成了，但心中却没有欣喜。这次出来采访民国群雄，以拜访伍廷芳压轴，却最令我心碎。我相信，在这位年迈政治家一生里，这是最后一次接受采访。

两天后，伍廷芳就与世长辞了。

伍廷芳的丧礼很隆重，在广州的美国教会医院纪念堂举行。丧礼后，盖着旗帜的灵柩于静穆中被送上一艘游艇，上面白幛悬垂，花圈满列。游艇原是一艘巨大的中式船屋，临时充作丧轮，此时在庄严气氛中启航，后面跟着一长串的各式舟船，满载着死者亲属、官员、中外友人。为使葬礼得以进行，内战双方在这一天同时叫停战事。船队顺珠江而下，停泊于江中的中外战舰上，官兵都行军礼致敬。船队中有一艘乐队船，演奏肖邦的葬礼进行曲。乐曲在珠江上空回荡，乐声中，伍廷芳的丧船随着落潮，缓慢而庄严地向下游驶去。

伍廷芳过世后，广东的内战进入了第二个阶段，持续很久，期间充斥着罢工及罢工引发的暴乱。工人们大多支持孙中山。游击战持续进行，生意无法做，店铺接二连三地关门，城市里暴乱频发。

这样的日子旷日持久。尽管背后的政治博弈一直在进行，却不见新消息传来。内战的前景难以预测，可能一夜之间就停止，也可能再持续几个月。对一个特地匆匆赶来广州的记者，从新闻的角度来说，已经再没什么值得继续挖掘了。因此，决定打道回府。

两天后，我乘船离开广州，取道香港回申。航程中，再次经过那七艘停泊在珠江上的军舰。我举头仰望，百感交集，想到孙中山先生此刻还在其中一艘坚守。是的，日复一日，整个炎夏，他都是这样，继续着他未竟的事业。驶过舰队后，我的客轮就将进入大海。我忍不住毕恭毕敬地向暂避于军舰上的革命者敬礼。

几个月来，我采访了好几场两败俱伤的中国内战，连续数月待在中国内陆，以致中国事务成了我的整个世界。到了香港后，才算摆脱出来。我在香港换乘一艘太平洋班轮，走海路回上海。巨轮航行在滂沱大雨中，我的思绪则回到中国世界里。这国家仿佛一个无边无际的大罗盘，唤醒了我心中巨大的敬畏之情。它奇怪又陌生，魅力令人沉醉，将我整个地挟裹进去了。我接触的各阶层中国人，都对我友好与热情，渐渐让我有了亲人般的感觉。我喜欢中国人民，这是毫无疑问的。在内地的这几个月让我对千百万勤劳智慧的中国人产生了坚定不移的信任感。深深体会到，中国人的历史如此悠久，即便目前到处是混乱，也只是表面上的混乱，中国人民会继续存在于这片土地上，直至永远。

鉴于任务已圆满完成，我回上海的心情变得迫不及待了。上海有约翰在等我，也正因如此，它已是我的家乡了。

再晤孙中山夫妇于上海

初秋时，孙中山离开了珠江上的军舰，回到上海法租界安静而朴素的家中。过去数周，他一直以军舰为总部，早已疲惫不堪。蒙他好意，返沪未久，便答应见我。

走进他家大门，不由得联想起之前拜访过的军阀们的堂皇巨宅。与他们相比，这里可谓朴实无华，毫无壮观可言，甚至连警卫也没有。我被带进一间正式客厅，里头摆放着简单的中式家具。落座后，孙中山告诉我，过去数月的煎熬总算有了成果。一个新的因素进入了他的考虑范围，这个因素便是"苏俄"。他甫一开口，我便意识到此事的重要性。他说，英美两国都拒绝承认南方政府，也不愿意援助国民党人。因此，寻求苏俄帮助，是唯一出路。说到这，他眼里流露出一丝伤心。

我当然清楚，对英美政府来说，支持孙中山是不容易的，因为这涉及许多外交细节。美国当时仍与可笑的北京政府存在外交关系。同时，依照一年前签署的《九国公约》，美国、比利时、英国、法国、意大利、荷兰、葡萄牙以及当时尚属温和的日本政府有协议在先，说好不得干涉中国的内政。同时也规定，中国的自救问题由中国自己解决。

左：上海法租界莫里哀路（今香山路）的孙中山别墅

右：1922 年 8 月孙中山在莫里哀路寓所接受宝爱莲采访。宝爱莲摄

他接着道，苏俄方面最近派了一名宣传鼓动专家越飞来见他，带来了列宁善意的问候。列宁明确提出愿向中国革命者提供帮助。在被美国和英国拒绝后，俄国人的话非常鼓舞人心，令孙中山万分惊喜。一听这话我便明白了，孙中山实在是万不得已才转向俄国求助的。至今我还是这么认为的。

我们坐的是中式椅子，靠背直而硬。孙中山说，其实他早就关注俄国革命的进程。那时他还在伦敦和巴黎流亡，头一回遇到了俄国的革命家们，与他们展开过讨论，还阅读了他们的作品。对于俄国农民阶级、工人阶级以及列宁这几年的崛起，他谈了自己的一系列看法。

随后，话题转到了中国的普罗大众。孙的声音有种催眠的力量，伤感的眼神中，一团慢火在燃烧，深深感染了我。我与他交谈过不止一次，这次才感受到他身上的神奇力量，一种足够颠倒众生的磁力。他向我指明，内陆地区千百万的农民正受着"代表帝国主义利益"的军阀们的剥削：军阀没收他们的粮食，用作军队的给养；征收苛捐杂税，使农民不得不忍饥挨饿；到处抓民夫，充当士兵或苦力；还荒废良田，不种粮食种鸦片。他还指明，整个中国，到处都是那些亦兵亦匪的家伙在肆意闯荡，就如蝗虫过境，他们焚烧村庄，掳掠妇女，残害村民。兵如是，官亦如是。贪官污吏们将修路建坝、开荒填海的钱塞进自己的腰包里，导致饥荒横行。更由于官员中贪腐盛行，致使原本中国最强大、最擅长的行业，如茶叶、丝绸、棉花及稻米，也开始随经济规模的缩小而萎缩。他向我指明，农民阶级依赖土地却难以为生，陷入苦苦挣扎，何来求知，遂越来越无知。

他缓慢而严肃地说："所以，我一定要唤醒所有的农民和工人，将他们团结起来。我一定要拯救他们，就像列宁拯救俄国人民一样。"听了这话，我大感同情。他说，多年来，革命的酵母已在好几个省份发酵，离爆发已不远了。而可怕的义和团运动及辛亥革命，都助长了人民革命意识的觉醒。说到此，他声音振奋地宣称，他将率领中国民众奋起革命，摆脱帝国主义和军阀们的枷锁，在中国建立一个以"民权、民族、民生"

为宗旨的政府。说到此，他忍不住站起身，显得如此的伟岸，眼神中闪烁着崇高的理想之光。

孙夫人宋庆龄这时走进了客厅。

她和孙中山说话时，眼里敬爱满盈，态度温和娇羞，视他如圣人。之前一直无缘得见，只听说她友好可爱，没想到一见之下，竟如此青春，如此美丽精致，闪烁着理想主义光芒。这位花朵般的女性那天穿件精美的蓝旗袍，显得优雅、迷人、高贵，很难想象她就是一位革命领导人。而正是她，为长她近三十岁的丈夫，为他所投身的革命事业，奉献了一切。她陪伴孙中山先生行走万里，照料他的起居生活、参加各种党内会议和群众集会、修订他的手稿、商讨他的演讲。她自身有过人的才智，更激发了丈夫的天赋。若单看这位年轻夫人的外表，那柔和的嗓音，略带羞涩的举止，慵懒的气韵，一般想不到她身上潜藏着如此巨大的能量。

最妙的是孙夫人向我讲述了几周前从广州逃离的经过。一路上，条条街道鲜血横流，子弹在身边呼啸而过，伤兵遍地，有的已死，有的一息尚存。我当时还没意识到，对孙夫人来说，这种经历完全不是一次而过的，仅仅是场序曲。她的整个人生都惊心动魄，充满了戏剧性。

会面结束后，我热情高涨地离开了孙中山的家，对他们夫妇追求的目标充满了激情。我真想挺身而出，成为革命者，为扭转中国民众的困境作斗争（尽管我当时并不了解，要成为一名俄国意义上的社会主义者，到底意味着什么）。

带着这种激情，这种肩负重任的感觉，我赶回《大陆报》的办公室，匆匆坐到打字机前，开始起草一封热情洋溢的电讯稿。心情太迫切，想传达孙中山的所有意思，以致忘记计算字数，精简篇幅。

报社老前辈见我魂不守舍的样子，走到我身后看了一会儿道："小妹，你的素材很棒，但唯一的问题是，孙中山的革命观点在过去几年里反复报道过了，再重复这些有什么意义呢？"

听到这些，我的手指从键盘上滑了下来。

左：　宋庆龄与母亲倪桂珍合影

右上：宋庆龄与孙中山合影，两人相差二十六岁。他们的结合曾遭到宋耀如反对。

右下：宋庆龄与孙中山合影。宋庆龄说，她对他不是爱，是崇敬。

越飞像
他是苏俄政府的特命全权代表，负责与孙中山会谈。
本书作者宝丽莲在上海采访孙中山时，他已经与孙中山取得联系。

他道："原本以为你去采访孙中山，是要问他们那帮人是不是打算转向赤党。上海所有的记者都削尖脑袋想见孙中山，就为了让他就此事发表声明。你倒好，这么幸运地见到他了，回来却写了一篇什么中国民众的悲伤故事。暴殄天物啊！"

我这才恍然大悟，赶紧在打字机里换上一张纸，重新写道：

孙逸仙对美国拒绝承认南方共和国、拒绝提供财政援助深感失望，决定向俄国求助。俄国鼓动家越飞已抵上海，与孙召开了重要会议，并带来列宁的问候，及俄国人民对中国人民的友好情意。俄方表示绝对支持孙的事业。孙将于近期返广州，计划由蒋介石将军陪伴，举行胜利入城式。

俄国顾问团将帮助孙重组军队，并组织大规模宣传活动，以唤起民众反对军阀。孙将推翻所有不平等条约，抗击帝国主义国家对中国主权的侵犯。

看了我的第二稿，老前辈终于道："这样就对了。现在，你可以再引用几句孙中山的话，加一点中国民众的苦难故事，这篇稿就可以完成了。"他一边看我写，一边抽了几口烟，继续说："作为一个新闻记者，首先要学会在工作上保持理智，就是孔子所说的'德'，不可带个人情绪。孔子不是说了嘛：'为政以德，譬如北辰，居其所而众星共之。'"

次年春天，我终于辞去了《大陆报》的工作，只保留国际新闻社通讯员一职。离开《大陆报》是很可惜的，但我和约翰将于三月份结婚，生活排得满满当当的，无暇身兼二职了。我离职后，又有几个女孩加入到记者团队里，因此，《大陆报》并没有因为我的离开，而缺失"姑娘记者"。此乃幸事。

参加宋美龄大婚

　　光阴荏苒，婚后生活不复赘述。1927年，我们全家返加利福尼亚度假。十二月回上海，正赶上蒋介石与宋美龄的盛大婚礼。

　　我在婚礼举办前拜访了宋美龄。这位待嫁新娘因好事将近，容光焕发。如同所有婚期将近的美国女孩，她也因为忙着筹办婚礼而兴奋不已。见了我，还讲了许多新郎蒋介石的情况。

　　他们打算办一场西式婚礼，有花童，有伴娘。新娘将戴头纱，手捧玫瑰。婚礼地点定在上海的大华饭店，迎亲时准备乘结彩的汽车，而不坐红色大花轿。一切都令人振奋。虽然婚礼未至，宋府已忙成一团，漂亮的姑娘们花蝴蝶般跑进跑出，替美玲作准备。其实，许多人对她选择夫婿的标准存有不解，但新娘本人却十分快乐与满足。

　　新郎官蒋介石五年前便对宋美龄示爱过，她那时表示"没有兴趣"。（译者注——宝爱莲的描述与当前的记载可能存有出入，请读者自行判断。）而现时，蒋氏已是中国最杰出的男士了，成了中国革命运动的领袖，与五年前那年轻军官相比，早已脱胎换骨。五年来，他迅速蹿升，成为新中国的希望。但单凭这一点，并不足以让宋美龄决定嫁给他。蒋介石

大华饭店

上海早期豪华饭店，占地六十亩，位于戈登路（今江宁路），1929 年拆除。

还从不间断地给宋美龄写信，一再表达自己的爱慕之情，终于使她感受到，无论对自己还是对国家，他的爱都是真挚的。再者，她也认识到，与蒋介石联姻，可使自己获得一个帮助全中国人民的极大机会。

婚礼于十二日一日举行。早晨先在西摩路 139 号宋府办一个私人的基督教仪式，由余日章博士主持。当天下午又在大华饭店大舞厅举行了第二场仪式。大华饭店的仪式规模宏大，来宾约两千人，其中包括外国政府官员和夫人。婚礼中西合璧，带一些异国情调，场面华丽，令人印象深刻。

大华饭店大舞厅里花山花海，芳香四溢。通往临时舞台的通道两旁，巨大的白菊花束一路堆放过去。舞台两侧也摆满鲜花，每侧各立着一面

蒋介石与宋美龄婚礼照
由上海中华照相馆拍摄，两个司纱童男女是孔令伟和孔令杰。

高大的白花背景板，上面用红色天竺葵拼出"寿"与"喜"字样。舞台的背景墙悬挂孙中山巨幅遗照，两旁是国民党党旗和中华民国国旗。"罗恩格林"婚礼进行曲响起的刹那，挤得水泄不通的大舞厅顿时安静下来。花童一路撒着玫瑰花瓣走了进来，后面紧随着几个女傧相，穿桃红绸缎礼服，缀满了亮闪闪的水钻和珍珠。最后进来的是新娘，挽着哥哥宋子文的胳膊。

新娘宋美龄真是美不胜收。她穿一袭绣花银旗袍，将苗条的身段勾勒得玲珑有致。头上蒙一方手工蕾丝面纱，纱上点缀着橙色花。一块缀着珍珠的白色乔其纱搭在肩上，坠到身后，由孔祥熙博士的孩子孔令伟和

蒋介石与宋美龄结婚照，上海中华照相馆摄。

蒋介石与宋美龄婚礼照
地点是上海大华饭店大舞厅。上海中华照相馆摄。

孔令杰司纱，跟在后头亦步亦趋。而新郎蒋介石呢，这时身穿西式大礼服，站在巨大的婚礼铃铛下，正在舞台上等待着新娘的到来。

仪式过程倒是十分的简单：先由谭延闿负责宣读婚礼誓词，并签署婚书。随后新郎新娘行鞠躬礼。一鞠躬对着孙中山遗照，再鞠躬对着在场的所有证婚人，三鞠躬则对着参加婚礼的所有来宾。我记得这时有人唱起了："哦，答应我。"

仪式过程中，蒋介石难以掩饰他的兴奋之情，无论见到谁，都要微笑，鞠躬。他望着可爱的新娘一刀切下白色婚礼蛋糕，脸上绽放出巨大的笑容。见他如此为妻子骄傲，真是令在场的所有人愉快。看他谈笑风生的样子，他在这"最愉快的日子"里，是彻底无忧无虑的。其实，旁人可没他那么轻松。酒店内外，甚至附近街道，都戒备森严。安保人员混在宾客中，随时留意每个人，因为此时的中国政局正紧张万分。但礼服笔挺的蒋介石显得潇洒从容（他即使身着皱巴巴的军服，也有一种帅劲儿在），以一种满不在乎的勇气面对自己的结婚日的危险，正如对待以往的所有危机一样，毫无畏惧。

仪式完成后，蒋介石和新娘即悄悄地离开了。

婚礼过程中，我和宋夫人抽空聊了一会儿。婚礼后，她就更显重要了，因为将在蒋介石的生命中扮演起一个重要角色。今日的蒋介石是三个女人造就的，其一是他的母亲，其二是他的妻子，其三是他的岳母。

婚礼当天早上，蒋介石在报端发表了一篇声明。从以后发生的各种事件看，该文有着至关重要的意义。他写道："余确信余自今日与宋女士结婚以后，余之革命工作必有进步，余能安心尽革命之责任，即自今日始也。"

最近与宋美龄会面时，她又对我说起蜜月时发生的小插曲。开头是当笑话说的，后来就异常认真起来。她说："我丈夫对我说，我们俩必须下决心为中国的革命事业贡献一切。我听了自然表示强烈赞同。但我没想到的是，蜜月第一天，他就去参加一个党委会，"说到这，她略带

左： **蒋介石像**

当时担任国民革命军总司令。

右上：**鲍罗廷像**

他是苏联派来中国帮助国民革命的顾问。后被蒋介石解聘。

右下： **加仑将军像**

真名勃留赫尔，北伐军的苏联总顾问，1927 年 4 月被蒋介石解聘。

忧伤地笑了笑："那个会议从早上八点一直开到晚上八点。我就这么独自过了一天。经过这件事，我不得不非常认真地思考了自己的新身份，就是说，我已经不是原来的我了，而是一名中国领袖人物的妻子。我很清楚，我的个人生活，必须让位给服务人民的大我。因此，新婚第一天，我就立誓与丈夫并肩作战，努力不辜负人民对我们两人的信任。这一点，我将竭尽全力去做到。"

但身为新娘的宋美龄，并没有完全认识到"竭尽全力"几个字的分量。只有经历了以后的风雨岁月，才真正领略。

婚后一周，蒋介石接到南京国民党中央执行委员会的邀请，盼他能重新出任国民革命军总司令。随后，全国各地的劝进电报蜂拥而至，呼吁他接受任命，率领国民革命军北伐，直捣北京。于是他欣然受命，携妻搭火车往南京。一路上，他的政敌两次制造破坏，终未得逞。列车安全抵达南京时，万众欢呼迎接。于是一切的惊扰不快都烟消云散了。

蒋介石重掌大权后，继续推进中国的革命大业。但这场革命已经不一样了，队伍里不见了中国共产党，也不见了鲍罗丁同志和加仑将军了。